Aus dem

Coffeeshop

Aus dem

Coffeeshop

Dr. Oetker Verlag

Try our Coffee!

COFFEE ROASTERS · CAFÉ & BISTRO

Unwiderstehliche Verführungen

Ob Coffeshop, Stehcafé, Café Bar oder Straßencafé, das sind die Orte, an denen man sich bei Kaffee und Kuchen und kleinen pikanten Leckereien trifft. Dazu eine nette Runde, etwas Sorglosigkeit, eine Tasse Tee oder Kaffee und reden, bis alles gesagt ist.

Muffins, Cheesecakes, Brownies, Cookies und Bagels sind die perfekte Ergänzung zu Latte Macchiato, Cappuccino, Espresso, Schokolade, Tee und Limonade – schöne kleine Sünden für einen genussvollen Kurzurlaub der Sinne. Einfach mal die leckersten Rezepte aus den Coffeeshops der Welt zu Hause selbst machen – wie Shortbread mit Vanilleschokolade, Pain au chocolat, Pasteis de nata, Frozen Joghurt, Kirschrollen oder als herzhafte Variante mal Minipizzen mit Sardellen oder Bagels mit Lachs probieren und genießen – mit der Familie, Freunden, Kollegen oder Nachbarn. Oder auch mal ganz alleine.

Wir haben alle Rezepte ausprobiert und so für Sie aufgeschrieben, dass sie garantiert gelingen.

Joghurtmuffins mit Himbeercreme

18 Stück
300 g TK-Himbeeren

350 g Weizenmehl
2 gestr. TL Dr. Oetker Backin
1 gestr. TL Natron
250 g Joghurt (3,5 % Fett)
100 ml Rapsöl
100 ml Milch (3,5 % Fett)
170 g Zucker
1 Pck. Dr. Oetker
Bourbon-Vanille-Zucker
1 Ei (Größe M)

Für das Topping:
500 g Mascarpone (ital. Frischkäse)
50 g Puderzucker
18 Zuckerperlen

Außerdem:
18 Papierbackförmchen

Zubereitungszeit: 30 Minuten,
ohne Antau- und Abkühlzeit
Backzeit: etwa 25 Minuten je Form

Pro Stück: E: 5 g, F: 18 g, Kh: 30 g,
kJ: 1254, kcal: 300, BE: 2,5

◊ TK-Himbeeren nach Packungsanleitung etwa 1 Stunde antauen lassen.

◊ Den Backofen vorheizen. Ober-/Unterhitze: etwa 180 °C, Heißluft: etwa 160 °C.

◊ Mehl mit Backpulver und Natron in einer Rührschüssel verrühren. Joghurt, Rapsöl, Milch, Zucker, Vanille-Zucker und Ei hinzugeben. Die Zutaten mit einem Mixer (Rührstäbe) auf höchster Stufe kurz glatt rühren.

◊ Den Teig in 2 Muffinformen (für je 12 Muffins, mit insgesamt 18 Papierbackförmchen ausgelegt) verteilen. Jeweils 2 angetaute Himbeeren in den Teig drücken. Die Formen nacheinander (bei Heißluft zusammen) auf zwei Roste in den vorgeheizten Backofen schieben. Die Muffins **etwa 25 Minuten je Form goldbraun backen.**

◊ Die Formen auf Kuchenroste stellen. Die Muffins mit den Papierbackförmchen nach etwa 5 Minuten aus den Formen nehmen und erkalten lassen.

◊ Für das Topping Mascarpone mit Puderzucker cremig aufschlagen. Die restlichen Himbeeren mit dem entstandenen Saft durch ein Sieb streichen, das Püree auffangen und unter die Creme rühren. Die Creme in einen Spritzbeutel mit großer Sterntülle (Ø 12 mm) füllen. Auf jeden Muffin einen großen Tupfen Creme spritzen und mit je einer Zuckerperle garnieren.

Tipp: Wenn Sie nur eine Muffinform haben, können Sie die Muffins auch in 2 Portionen nacheinander backen.

Muffins

Bananenmuffins

10 Stück
40 g Walnusskerne
2 Bananen
250 g Buttermilch
80 ml Speiseöl
170 g brauner Zucker (Rohrzucker)
1 Pck. Dr. Oetker
Bourbon-Vanille-Zucker
1 Ei (Größe M)
300 g Weizenmehl
2 ½ gestr. TL Dr. Oetker Backin
½ gestr. TL Natron

Zum Bestäuben:
50 g Puderzucker

Außerdem:
Backpapier

Zubereitungszeit: 30 Minuten,
ohne Abkühlzeit
Backzeit: etwa 35 Minuten

Pro Stück: E: 5 g, F: 12 g,
Kh: 50 g, kJ: 1369, kcal: 327, BE: 4,0

◊ Backpapier in 10 Quadrate (etwa 19 x 19 cm) schneiden. Die Walnusskerne grob hacken. Die Bananen schälen und mit einer Gabel grob zerdrücken.

◊ Den Backofen vorheizen. Ober-/Unterhitze: etwa 180 °C, Heißluft: etwa 160 °C.

◊ Buttermilch, Speiseöl, braunen Zucker, Vanille-Zucker und Ei in eine Rührschüssel geben und mit einem Mixer (Rührstäbe) verrühren. Mehl mit Backpulver und Natron mischen, mit den Walnusskernen und dem Bananenmus unter die Buttermilchmasse rühren.

◊ Die vorbereiteten 10 Backpapierquadrate in die Mulden einer Muffinform drücken. Den Rand dabei zusammenfalten, sodass die Papierspitzen hochstehen. Den Teig darin verteilen.

◊ Die Form auf dem Rost in den vorgeheizten Backofen schieben. Die Bananenmuffins **etwa 35 Minuten backen.**

◊ Die Form auf einen Kuchenrost stellen. Die Muffins etwa 10 Minuten in der Form stehen lassen, dann mit dem Backpapier aus der Form nehmen und auf dem Kuchenrost erkalten lassen. Die Bananenmuffins mit Puderzucker bestäuben.

Tipp: Sie können den Teig auch in eine Muffinform (für 12 Muffins, mit Papierbackförmchen ausgelegt) geben und in etwa 30 Minuten bei gleicher Backofentemperatur backen.

Heidelbeer-Mohn-Muffins

12 Stück
Für den Teig:
260 g Weizenmehl
150 g brauner Zucker
1 ½ gest. TL Dr. Oetker Backin
½ gestr. TL Natron
1 Bio-Orange
(unbehandelt, ungewachst)
1 Ei (Größe M)
80 ml Speiseöl
200 g Buttermilch
125 g Mohnback
250 g frische Heidelbeeren

Außerdem:
12 Papierbackförmchen

Zubereitungszeit: 25 Minuten
Backzeit: etwa 25 Minuten

Pro Stück: E: 4 g, F: 9 g, Kh: 34 g,
kJ: 992, kcal: 237, BE: 3,0

◊ Den Backofen vorheizen. Ober-/Unterhitze: etwa 180 °C, Heißluft: etwa 160 °C.

◊ Für den Teig Mehl mit braunem Zucker, Backpulver und Natron in einer Rührschüssel mischen. Orange heiß abwaschen, abtrocknen und die Schale fein abreiben. Orangenschale zur Mehlmischung geben.

◊ Ei, Speiseöl, Buttermilch und Mohnback in einen hohen Rührbecher geben, mit einem Schneebesen gut verrühren und zur Mehlmischung in die Rührschüssel geben. Die Zutaten mit dem Schneebesen zu einem glatten Teig verrühren.

◊ Die Heidelbeeren verlesen, abspülen und mit Küchenpapier trocken tupfen. Heidelbeeren (einige Heidelbeeren beiseitelegen) unter den Teig heben.

◊ Den Teig in eine Muffinform (für 12 Muffins, mit Papierbackförmchen ausgelegt) geben und glatt streichen. Beiseitegelegte Heidelbeeren auf dem Teig verteilen. Die Form auf dem Rost in den vorgeheizten Backofen schieben. Die Muffins **etwa 25 Minuten backen.**

◊ Die Form auf einen Kuchenrost stellen. Die Muffins etwa 10 Minuten in der Form stehen lassen, dann aus der Form nehmen und auf dem Kuchenrost erkalten lassen.

Tipp: Die Muffins können auch mit frischen Preiselbeeren zubereitet werden.

Apfel-Zimt-Muffins

12 Stück
500 g Äpfel (Boskop)
2 EL Zucker
1 TL gem. Zimt

160 g Butter (zimmerwarm)
120 g Zucker
1 Prise Salz
3 Eigelb (Größe M)
180 g Weizenmehl
1 gestr. TL Dr. Oetker Backin
3 Eiweiß (Größe M)
50 g Zucker

2 EL Zucker
1 TL gem. Zimt
oder
etwas Puderzucker

Außerdem:
12 Papierbackförmchen

Zubereitungszeit: 25 Minuten,
ohne Abkühlzeit
Backzeit: etwa 25 Minuten

Pro Stück: E: 3 g, F: 13 g, Kh: 34 g,
kJ: 1124, kcal: 269, BE: 3,0

◊ Den Backofen vorheizen. Ober-/Unterhitze: etwa 180 °C, Heißluft: etwa 160 °C.

◊ Die Äpfel schälen, vierteln und entkernen. Apfelviertel in kleine Stücke schneiden, mit Zucker und Zimt mischen.

◊ Die Butter in eine Rührschüssel geben und mit einem Mixer (Rührstäbe) auf höchster Stufe etwa 2 Minuten schaumig schlagen. Zucker, Salz und Eigelb unterrühren. Mehl mit Backpulver mischen, auf die Eigelb-Butter-Masse geben (noch nicht vermischen).

◊ Eiweiß in eine Rührschüssel geben und mit einem Mixer (Rührstäbe) steif schlagen, Zucker nach und nach unterschlagen. Zunächst die Hälfte des Eischnees zügig mit der Mehlmischung unter die Eigelb-Butter-Masse rühren. Den restlichen Eischnee mit einem Teigschaber vorsichtig unterheben.

◊ Den Teig in einer Muffinform (für 12 Muffins, mit Papierbackförmchen ausgelegt) verteilen. Die vorbereiteten Zimt-Äpfel auf dem Teig verteilen und etwas eindrücken. Die Form auf dem Rost in den vorgeheizten Backofen schieben. Die Muffins **etwa 25 Minuten backen**.

◊ Die Form auf einen Kuchenrost stellen. Die Muffins etwa 10 Minuten in der Form stehen lassen, dann aus der Form nehmen und auf dem Kuchenrost erkalten lassen. Die Muffins mit Zimt-Zucker bestreuen oder mit Puderzucker bestäuben.

Tipp: Die Apfel-Zimt-Muffins sind besonders saftig und halten sich gut verpackt 2-3 Tage frisch.

Nuss-Nougat-Muffins

12 Stück
250 g Weizenmehl
2 gestr. TL Dr. Oetker Backin
½ gestr. TL Natron
2 TL lösliches Kaffeepulver
1 Prise Salz
1 Pck. Dr. Oetker
Bourbon-Vanille-Zucker
240 g Zucker
100 g gem. Haselnusskerne
100 g Zartbitter-Raspelschokolade
125 g Butter (zimmerwarm)
2 Eier (Größe M)
200 g Buttermilch
125 g Nuss-Nougat

Außerdem:
12 Papierbackförmchen

Zubereitungszeit: 25 Minuten,
ohne Abkühlzeit
Backzeit: etwa 25 Minuten

Pro Stück: E: 7 g, F: 20 g, Kh: 48 g,
kJ: 1674, kcal: 400, BE: 4,0

◊ Den Backofen vorheizen. Ober-/Unterhitze: etwa 180 °C, Heißluft: etwa 160 °C.

◊ Mehl mit Backpulver, Natron, Kaffeepulver, Salz, Vanille-Zucker, Zucker, Haselnuss-kernen und Raspelschokolade in einer Schüssel mischen.

◊ Butter und Eier in einer Rührschüssel mit einem Mixer (Rührstäbe) auf höchster Stufe schaumig schlagen, Buttermilch unterrühren. Die Mehlmischung hinzugeben und auf mittlerer Stufe zu einem glatten Teig verrühren.

◊ Nuss-Nougat in kleine Würfel schneiden und unter den Teig rühren. Den Teig in eine Muffinform (für 12 Muffins, mit Papierbackförmchen ausgelegt) geben und glatt streichen.

◊ Die Form auf dem Rost in den vorgeheizten Backofen schieben. Die Muffins **etwa 25 Minuten backen.**

◊ Die Form auf einen Kuchenrost stellen. Die Muffins etwa 10 Minuten in der Form stehen lassen, dann aus der Form nehmen und auf dem Kuchenrost erkalten lassen.

Tipps: Nuss-Nougat kann auch durch Marzipan ersetzt werden. Zum Verzieren 75 g Nuss-Nougat schmelzen lassen und auf den gebackenen Muffins verstreichen. Mit 50 g gehobelten Haselnusskernen bestreuen, Guss trocknen lassen (Foto).

Rum-Raisius-Scones

10 Stück
80 g Rosinen
50 ml Rum

Für den Teig:
350 g Weizenmehl
1 ½ gestr. TL Backin
½ TL Natron
Salz
90 g Zucker
50 g gem. Mandeln
200 g Schlagsahne
2 EL Zuckerrübensirup
1 Ei (Größe M)

Zubereitungszeit: 35 Minuten,
ohne Durchziehzeit
Backzeit: etwa 25 Minuten

Pro Stück: E: 6 g, F: 10 g, Kh: 43 g,
kJ: 1266, kcal: 302, BE: 3,5

◊ Rosinen in eine Schüssel geben, mit Rum übergießen und etwa eine Stunde durchziehen lassen.

◊ Den Backofen vorheizen. Ober-/Unterhitze: etwa 180 °C, Heißluft: etwa 160 °C.

◊ Für den Teig Mehl mit Backpulver, Natron, Salz, Zucker und Mandeln in einer Rühr-schüssel mischen. Sahne, Zuckerrübensirup und Ei hinzugeben. Die Zutaten mit einem Mixer (Knethaken) zu einem glatten Teig verkneten. Zuletzt Rum-Rosinen unterarbeiten.

◊ Den Teig auf einer bemehlten Arbeitsfläche etwa 2 cm dick zu einer runden Platte (Ø etwa 20 cm) ausrollen. Mit einem runden Ausstecher (Ø etwa 7 cm) etwa 10 Platten ausstechen und mit etwas Abstand auf ein Backblech (mit Backpapier belegt) legen. Die Teigreste erneut verkneten, evtl. weitere Platten ausstechen und mit auf das Backblech legen. Das Backblech in den vorgeheizten Backofen schieben. Die Scones **etwa 25 Minuten backen.**

Tipp: Die Scones warm mit Butter servieren.

Kirschrollen

etwa 9 Stück

50 g Zartbitter-Kuvertüre
3 Eigelb (Größe M)
2 EL heißes Wasser
60 g Zucker
50 g abgezogene, gem. Mandeln
50 g Weizenmehl
3 Eiweiß (Größe M)

1 EL Zucker zum Bestreuen

Für die Füllung:
350 g abgetropfte Sauerkirschen
(aus dem Glas)
300 ml Sauerkirschsaft (von den
Sauerkirschen)
30 g Speisestärke
1 TL gem. Zimt
50 g Zucker
50 ml Kirschwasser
250 g Schlagsahne (mind. 30 % Fett)
25 g Zucker

Zum Garnieren und Bestreuen:
30 g Zartbitter-Kuvertüre
50 g Zartbitter-Raspelschokolade

Zubereitungszeit: 50 Minuten, ohne Kühlzeit
Backzeit: etwa 11 Minuten

Pro Stück: E: 6 g, F: 19 g, Kh: 43 g,
kJ: 1621, kcal: 388, BE: 3,5

◊ Den Backofen vorheizen. Ober-/Unterhitze: etwa 180 °C, Heißluft: etwa 160 °C.

◊ Die Kuvertüre in Stücke hacken, in einem kleinen Topf im Wasserbad bei schwacher Hitze unter Rühren schmelzen. Kuvertüre auf Zimmertemperatur abkühlen lassen.

◊ Eigelb und Wasser in einer Rührschüssel mit einem Mixer (Rührstäbe) auf höchster Stufe schaumig schlagen. 40 g Zucker unter Rühren einstreuen und weitere etwa 4 Minuten schlagen. Geschmolzene Kuvertüre unterrühren. Mandeln und Mehl auf den Eigelbschaum geben, aber nicht unterrühren.

◊ Eiweiß steif schlagen, restlichen Zucker unterschlagen und noch weitere etwa 2 Minuten schlagen. Die Eischneemasse portionsweise unter die Eigelb-Mandel-Mehl-Masse heben. Den Teig auf ein Backblech (30 x 40 cm, mit Backpapier belegt) geben und zu einem Rechteck (etwa 30 x 35 cm) verstreichen. Das Backblech in den vorgeheizten Backofen schieben. Die Biskuitplatte **etwa 11 Minuten backen.**

◊ Einen großen Bogen Backpapier auf die Arbeitsfläche legen und gleichmäßig mit Zucker bestreuen. Die heiße Biskuitplatte daraufstürzen und das mitgebackene Back-papier vorsichtig abziehen (evtl. vorher mit kaltem Wasser bestreichen). Das Backpapier wieder auf die Biskuitplatte legen, Biskuitplatte erkalten lassen.

◊ Für die Füllung von den Sauerkirschen den Saft auffangen, 300 ml abmessen (evtl. mit Wasser auffüllen) und in einen Topf geben. Speisestärke mit Zimt und Zucker mit einem Schneebesen in den Saft rühren und unter Rühren aufkochen lassen. Die Sauerkirschen unterheben und abkühlen lassen. Die Kirschmasse in einen großen Spritzbeutel ohne Lochtülle (Ø etwa 2 cm) füllen.

◊ Die Biskuitplatte in 3 Streifen (etwa 35 x 10 cm) schneiden. 30 ml Kirschwasser gleichmäßig daraufträufeln. Auf die untere lange Seite jedes Biskuitstreifens einen Streifen der Kirschmasse spritzen, die Biskuitstreifen etwa 20 Minuten in den Kühlschrank stellen.

◊ Die Sahne mit Zucker steif schlagen. Restliches Kirschwasser mit einem Schneebesen unterrühren. Die Sahne in den gesäuberten Spritzbeutel ohne Lochtülle (Ø etwa 2 cm) füllen. Jeweils einen Sahnestreifen direkt auf die Sauerkirschstreifen spritzen. Den nicht bestrichenen Teil der Biskuitstreifen etwa zur Hälfte darüberklappen. Die Kirschrollen in den Kühlschrank stellen.

◊ Zum Garnieren und Bestreuen die Kuvertüre wie unter Punkt 2 beschrieben schmelzen. Die Kirschrollen jeweils quer in 3 Stücke schneiden. Die Kuvertüre mit einem Teelöffel auf die Kirschrollen träufeln und mit Raspelschokolade bestreuen. Kuvertüre fest werden lassen.

Cinnamon Rolls (Zimtschnecken)

etwa 12 Stück

1 Pck. Dr. Oetker Trockenbackhefe
300 ml Milch (3,5 % Fett)
100 g Butter (zimmerwarm)
150 g Zucker
1 TL gem. Kardamom
550 g Weizenmehl
80 g Rosinen

100 g Weizenmehl zum Bestäuben

100 g Butter
100 g Zucker
1 TL gem. Zimt

Zubereitungszeit: 35 Minuten
Teiggehzeit: etwa 2 Stunden
Backzeit: etwa 30 Minuten je Backblech

Pro Stück: E: 7 g, F: 15 g, Kh: 65 g,
kJ: 1800, kcal: 430, BE: 5,5

◊ Die Trockenbackhefe in eine Rührschüssel geben und 100 ml kalte Milch hinzugießen. Die restliche Milch in einem kleinen Topf handwarm erwärmen, die Butter unterrühren und sofort zu der kalten Milch in die Rührschüssel geben. Zucker und Kardamom unterrühren und das Mehl hinzugeben.

◊ Die Zutaten mit einem Mixer (Rührstäbe) zunächst kurz auf niedrigster, dann auf höchster Stufe zu einem glatten, weichen Teig verrühren. Den Teig zugedeckt etwa eine Stunde an einem warmen Ort gehen lassen.

◊ In der Zwischenzeit die Rosinen in warmem Wasser etwa 10 Minuten einweichen. Anschließend in ein Sieb geben und abtropfen lassen.

◊ Den gegangenen Teig leicht mit Mehl bestäuben, nochmals kurz durchkneten und auf einem mit Mehl bestäubten großen Bogen Backpapier zu einem Rechteck (etwa 36 x 40 cm) ausrollen.

◊ Die Butter in einem Topf bei schwacher Hitze zerlassen, den Teig damit bestreichen. Zucker und Zimt mischen und gleichmäßig auf den Teig streuen. Die Butter wieder etwas fest werden lassen und dann die Rosinen daraufstreuen.

◊ Den Teig von der schmalen Seite aus aufrollen. Die Teigrolle in etwa 3 cm dicke Scheiben schneiden. Die Zimtschnecken mit viel Abstand zueinander auf zwei Back-bleche (mit Backpapier belegt) legen und nochmals zugedeckt 50–60 Minuten an einem warmen Ort gehen lassen.

◊ In der Zwischenzeit den Backofen vorheizen. Ober-/Unterhitze: etwa 180 °C, Heißluft: etwa 160 °C.

◊ Die Backbleche nacheinander (bei Heißluft zusammen) in den vorgeheizten Backofen schieben. Die Zimtschnecken **etwa 30 Minuten je Backblech backen.**

◊ Die Zimtschnecken mit dem Backpapier von den Backblechen auf Kuchenroste ziehen. Zimtschnecken erkalten lassen.

Tipp: Die Zimtschnecken können zusätzlich mit einem Puderzuckerguss bestrichen werden.

Amerikaner

etwa 16 Stück
Für den Rührteig:
1 Bio-Zitrone
(unbehandelt, ungewachst)
125 g Butter (zimmerwarm)
120 g Zucker
1 Pck. Dr. Oetker Vanillin-Zucker
1 Prise Salz
2 Eier (Größe M)
250 g Weizenmehl
1 Pck. Dr. Oetker Pudding-Pulver
Vanille-Geschmack
2 gestr. TL Dr. Oetker Backin
70 g Buttermilch
1 EL Zitronensaft
(von der Bio-Zitrone)

Für den Guss:
250 g Puderzucker
2 EL Zitronensaft
(von der Bio-Zitrone)
2 EL Sauerkirschsaft
evtl. etwas rote Speisefarbe

Zubereitungszeit: 60 Minuten, ohne Abkühl-
und Trockenzeit
Backzeit: etwa 12 Minuten je Backblech

Pro Stück: E: 3 g, F: 7 g, Kh: 38 g,
kJ: 956, kcal: 228, BE: 3,0

◊ Den Backofen vorheizen. Ober-/Unterhitze: etwa 180 °C, Heißluft: etwa 160 °C.

◊ Für den Teig Zitrone heiß abwaschen, abtrocknen, die Schale fein abreiben. Zitrone halbieren, Saft auspressen und 2 Esslöffel für den Guss abmessen. Butter und Zitronen-schale in einer Rührschüssel mit einem Mixer (Rührstäbe) auf höchster Stufe etwa 2 Minuten schaumig schlagen. Nach und nach Zucker, Vanillin-Zucker und Salz unterrühren.

◊ So lange rühren, bis eine gebundene Masse entstanden ist. Eier nach und nach unterrühren (jedes Ei etwa ½ Minute). Mehl mit Pudding-Pulver und Backpulver mischen, abwechselnd mit der Buttermilch in 2 Portionen kurz auf mittlerer Stufe unterrühren. Einen Esslöffel von dem restlichen Zitronensaft unterrühren.

◊ Den Teig in einen Spritzbeutel mit Lochtülle (Ø 14 mm) füllen und Tupfen (Ø etwa 6 cm) mit etwa 5 cm Abstand nebeneinander auf 2 Backbleche (mit Backpapier belegt) spritzen. Die Backbleche nacheinander (bei Heißluft zusammen) in den vorge-heizten Backofen schieben. Die Amerikaner **etwa 12 Minuten je Backblech** hellbraun **backen.**

◊ Die Backbleche auf Kuchenroste stellen, Amerikaner erkalten lassen. Dann die Amerikaner vom Backpapier lösen und jeweils umdrehen.

◊ Für den Guss Puderzucker in zwei Schälchen verteilen. Eine Portion mit dem beiseite-gestellten Zitronensaft und die zweite Portion mit dem Kirschsaft und etwas roter Speisefarbe zu einem dickflüssigen Guss verrühren. Den rosa und weißen Guss in je ein Papierspritztütchen füllen.

◊ Für das Karomuster ein weißes Gitter auf die Hälfte der Amerikaner spritzen. Die Flächen im Gitter abwechselnd mit weißem und rosa Guss füllen. Guss trocknen lassen.

◊ Die restlichen Amerikaner mit dem weißen oder rosa Guss dünn bestreichen. In den weißen Guss rosa Punkte und in den rosa Guss weiße Punkte spritzen. Sofort mit einem Holzstäbchen von den Punkten aus Linien durch den Guss ziehen, sodass ein Muster entsteht. Guss trocknen lassen.

Tipp: Damit die Amerikaner gleich groß werden, mit einem Bleistift vorher 16 Kreise (Ø etwa 6 cm) auf das Backpapier zeichnen, das Backpapier umgedreht auf die Backbleche legen und den Teig aufspritzen.

Pain au chocolat *(Feine Schokobrötchen)*

10 Brötchen
Für den Teig:
130 ml lauwarmes Wasser
10 g frische Hefe
30 g Zucker
250 g Weizenmehl
½ gestr. TL Salz
50 g zerlassene,
etwas abgekühlte Butter

Für die Füllung:
100 g Zartbitter-Schokolade
(etwa 50 % Kakaoanteil)
100 g Butter (zimmerwarm)

etwas Weizenmehl zum Bestäuben

Zum Bestreichen:
1 Ei (Größe M)
1 EL Milch

evtl. 1 EL Puderzucker

Zubereitungszeit: 50 Minuten,
ohne Kühlzeit
Teiggeh-/Ruhezeit: etwa 1 Stunde und
40 Minuten
Backzeit: etwa 20 Minuten

Pro Stück: E: 4 g, F: 17 g, Kh: 28 g,
kJ: 1211, kcal: 289, BE: 2,5

◊ Für den Teig Wasser in eine Rührschüssel geben. Hefe mit Zucker hinzugeben, unter Rühren auflösen. Mehl, Salz und lauwarme Butter hinzugeben, mit einem Mixer (Knethaken) in etwa 1 Minute zu einem elastischen Teig verkneten. Den Teig in Frischhaltefolie gewickelt mindestens 20 Minuten in den Kühlschrank legen.

◊ In der Zwischenzeit für die Füllung die Schokolade in 10 gleich große Stücke teilen. Die Butter zwischen zwei Lagen Frischhaltefolie mit der flachen Hand zu einem Quadrat (etwa 20 x 20 cm) drücken.

◊ Den Teig (Frischhaltefolie beiseitelegen) auf einer bemehlten Arbeitsfläche zu einem Quadrat (etwa 30 x 30 cm) ausrollen. Das Butterquadrat diagonal auf den Teig legen, dabei die untere Lage der Frischhaltefolie entfernen. Die Spitzen der Butter sollen auf die Mitte der Teigseiten zeigen. Obere Lage Frischhaltefolie entfernen. Die Teigecken über die Butter zur Mitte hin klappen. Die Teigkanten jeweils fest zusammendrücken.

◊ Den Teig auf der leicht bemehlten Arbeitsfläche zu einem Rechteck (etwa 22 x 35 cm) ausrollen. Von der längeren Seite aus so einschlagen, dass drei Lagen entstehen. Teig in Frischhaltefolie gewickelt mindestens 20 Minuten in den Kühlschrank legen.

◊ Den Teig dann zu einem Rechteck (etwa 20 x 25 cm) ausrollen. Die Teigplatte so halbieren, dass zwei Rechtecke (je etwa 10 x 25 cm) entstehen. Jedes Teigrechteck in 5 gleich große Streifen (je etwa 5 x 10 cm) schneiden. Die Ränder der Teigstreifen dünn mit Wasser bestreichen. Schokoladenstücke in die Mitte der Teigstreifen legen, die Teigstreifen jeweils von der kurzen Seite aus aufrollen, sodass die Schokolade vollständig vom Teig umschlossen ist. Ränder nicht zusammendrücken. Den Backofen auf Ober-/Unterhitze etwa 50 °C vorheizen, dann ausschalten.

◊ Die Teigrollen auf ein Backblech (mit Backpapier belegt) legen. Das Backblech in den warmen Backofen schieben. Die Teigrollen etwa 60 Minuten gehen lassen, bis sie sich sichtbar vergrößert haben. Das Backblech auf einen Kuchenrost stellen, Teigrollen zudecken. Den Backofen auf Ober-/Unterhitze etwa 220 °C, Heißluft etwa 200 °C vorheizen.

◊ Ei und Milch verschlagen, die Teigrollen damit bestreichen. Die Backofentemperatur um etwa 40 °C herunterschalten. Das Backblech in den vorgeheizten Backofen schieben. Die Schokobrötchen **etwa 20 Minuten backen**.

◊ Das Backblech auf einen Kuchenrost stellen. Die Schokobrötchen erkalten lassen.

Haferflocken-Rosinen-Cookies

etwa 16 Stück
100 g Rosinen
250 g Butter (zimmerwarm)
1 TL gem. Zimt
1 Pck. Dr. Oetker
Bourbon-Vanille-Zucker
150 g brauner Zucker
(Rohrzucker)
80 g Zucker
2 Eier (Größe M)
180 g Weizenmehl
½ gestr. TL Dr. Oetker Backin
150 g Haferflocken, blütenzart

Zubereitungszeit: 25 Minuten,
ohne Einweichzeit
Backzeit: 13–15 Minuten je Backblech

Pro Stück: E: 3 g, F: 15 g, Kh: 32 g,
kJ: 1157, kcal: 276, BE: 2,5

◊ Den Backofen vorheizen. Ober-/Unterhitze: etwa 180 °C, Heißluft: etwa 160 °C.

◊ Die Rosinen in eine kleine Schüssel geben, mit warmem Wasser übergießen und etwa 10 Minuten einweichen.

◊ Die Butter in einer Rührschüssel mit einem Mixer (Rührstäbe) auf höchster Stufe etwa 2 Minuten schaumig schlagen. Zimt, Vanille-Zucker, braunen und weißen Zucker hinzufügen und weitere etwa 2 Minuten schlagen.

◊ Eier hinzugeben und so lange rühren, bis eine glatte Masse entstanden ist. Die Rosinen gut abtropfen lassen und unterrühren.

◊ Mehl mit Backpulver und Haferflocken mischen und portionsweise unter die Butter-Eier-Masse rühren.

◊ Von dem Teig mit einem Löffel aprikosengroße Häufchen abnehmen und mit viel Abstand zueinander auf zwei Backbleche (gefettet, mit Backpapier belegt) setzen. Die Backbleche nacheinander (bei Heißluft zusammen) in den vorgeheizten Backofen schieben. Die Cookies **13–15 Minuten je Backblech backen.**

◊ Die gebackenen Cookies mit dem Backpapier von den Backblechen auf Kuchenroste ziehen. Cookies erkalten lassen.

◊ Die Cookies in luftdicht verschließbaren Behältern aufbewahren.

Tipp: Wer es ein bisschen exklusiver möchte, tauscht die Rosinen gegen getrocknete Cranberrys oder getrocknete Sauerkirschen aus.

Chocolate-Peanut-Cookies

etwa 25 Stück

125 g ungesalzene Erdnusskerne
250 g Zartbitter-Kuvertüre
150 g Butter (zimmerwarm)
1 EL Erdnusscreme
250 g brauner Zucker (Rohrzucker)
125 g weißer Zucker
2 Eier (Größe M)
300 g Weizenmehl
½ gestr. TL Salz
1 TL Natron
1 Pck. Dr. Oetker
Bourbon-Vanille-Zucker

Zubereitungszeit: 30 Minuten
Backzeit: 10–12 Minuten je Backblech

Pro Stück: E: 4 g, F: 12 g, Kh: 28 g,
kJ: 994, kcal: 238, BE: 2,5

◊ Erdnusskerne und Kuvertüre grob hacken.

◊ Den Backofen vorheizen. Ober-/Unterhitze: etwa 180 °C, Heißluft: etwa 160 °C.

◊ Butter und Erdnusscreme in einer Rührschüssel mit einem Mixer (Rührstäbe) auf höchster Stufe etwa 3 Minuten schaumig schlagen. Rohrzucker und weißen Zucker hinzugeben und unterschlagen, die Eier unterrühren.

◊ Mehl mit Salz, Natron und Vanille-Zucker mischen und in 2 Portionen unter die Butter-Eier-Masse rühren.

◊ Gehackte Erdnusskerne und Schokoladenstückchen mit einem Rührlöffel unter den Teig heben.

◊ Den Teig in esslöffelgroßen Portionen mit viel Abstand zueinander auf Backbleche (gefettet, mit Backpapier belegt) setzen. Die Cookies **10–12 Minuten je Backblech backen.**

◊ Die Cookies mit dem Backpapier von den Backblechen auf Kuchenroste ziehen. Cookies erkalten lassen.

◊ Die Cookies in luftdicht verschließbaren Behältern aufbewahren.

Tipp: Es können gesalzene Erdnusskerne verwendet werden. Dann die Erdnusskerne mit warmem Wasser abspülen und mit Küchenpapier trocken tupfen.

 Cookies

Florentiner Kekse

etwa 48 Stücke
Für den Knetteig:
150 g Weizenmehl
50 g Zucker
1 Pck. Dr. Oetker Vanillin-Zucker
100 g Butter
1 Eigelb (Größe M)

Für die Florentinermasse:
10 abgetropfte Amarenakirschen
125 g Schlagsahne
1 EL Weizenmehl (10 g)
75 g Butter
75 g Zucker
1 Pck. Dr. Oetker
Boubon-Vanille-Zucker
1 Prise Salz
120 g flüssiger Honig
100 g gehobelte Mandeln
50 g gestiftelte Mandeln

Zubereitungszeit: 70 Minuten,
ohne Abkühlzeit
Backzeit: etwa 20 Minuten

Pro Stück: E: 1 g, F: 6 g, Kh: 8 g,
kJ: 370, kcal: 88, BE: 0,5

◊ Den Backofen vorheizen. Ober-/Unterhitze: etwa 180 °C, Heißluft: etwa 160 °C.

◊ Für den Teig Mehl in eine Rührschüssel geben. Zucker, Vanillin-Zucker, Butter und Eigelb hinzugeben. Die Zutaten mit einem Mixer (Knethaken) zunächst kurz auf niedrigster, dann auf höchster Stufe gut durcharbeiten. Anschließend auf einer leicht bemehlten Arbeitsfläche zu einem glatten Teig verkneten.

◊ Den Teig auf einem Backblech (30 x 40 cm, gefettet, mit Backpapier belegt) in Backblechgröße ausrollen und den Teig mit einer Gabel mehrmals einstechen.

◊ Für die Florentinermasse die Amarenakirschen in Stücke schneiden. Sahne in einem Topf mit Mehl gut verrühren. Butter, Zucker, Vanille-Zucker, Salz und Honig hinzugeben und unter Rühren etwa 1 Minute kochen lassen. Die gehobelten und gestiftelten Mandeln und Amarenakirschstücke hinzugeben und nochmals unter Rühren kurz aufkochen, dann etwa 5 Minuten abkühlen lassen. Die Florentinermasse auf dem ausgerollten Teig verteilen und mit einer Teigkarte glatt streichen. Das Backblech in den vorgeheizten Backofen schieben. Das Gebäck **etwa 20 Minuten goldbraun backen.**

◊ Das Backblech auf einen Kuchenrost stellen. Das Gebäck etwas abkühlen lassen. Dann die Gebäckplatte mit dem Backpapier vom Backblech auf ein großes Schneidbrett oder auf die Arbeitsfläche ziehen. Mit einem großen Messer die Ränder gerade schneiden, mitgebackenes Backpapier entfernen. Das Gebäck in etwa 5 cm große Quadrate schneiden. Florentiner Kekse erkalten lassen.

Tipp: Zum Aufbewahren die Kekse mit Backpapier in eine gut schließende, möglichst luftdichte Dose schichten. Die Kekse sind 3-4 Wochen haltbar.

 Cookies

Macadamia-Cookies

etwa 20 Stück
200 g Vollmilch-Schokolade
250 g ungesalzene
Macadamianusskerne
275 g Butter (zimmerwarm)
150 g brauner Zucker (Rohrzucker)
Salz
2 Pck. Dr. Oetker
Bourbon-Vanille-Zucker
1 Ei (Größe M)
350 g Weizenmehl
1 gestr. TL Dr. Oetker Backin

Zubereitungszeit: 25 Minuten
Backzeit: etwa 15 Minuten

Pro Stück: E: 4 g, F: 25 g, Kh: 26 g,
kJ: 1429, kcal: 342, BE: 2,0

◇ Schokolade zuerst in kleine Stücke brechen, dann klein hacken. Macadamianusskerne grob hacken oder mit einem breiten Messer zerdrücken.

◇ Den Backofen vorheizen. Ober-/Unterhitze: etwa 180 °C, Heißluft: etwa 160 °C.

◇ Butter in eine Rührschüssel geben und mit einem Mixer (Rührstäbe) auf höchster Stufe etwa 2 Minuten schaumig schlagen. Rohrzucker, Salz und Vanille-Zucker unterrühren. So lange rühren, bis eine gebundene Masse entstanden ist. Das Ei hinzugeben und in etwa 1 Minute unterschlagen. Mehl mit Backpulver mischen und in 2 Portionen unter die Butter-Ei-Masse rühren.

◇ Vorbereitete Schokolade und die Macadamianusskerne mit einem Rührlöffel unterrühren.

◇ Mit einen Esslöffel Teighäufchen auf ein Backblech (30 x 40 cm, gefettet, mit Backpapier belegt) geben. Das Backblech in den vorgeheizten Backofen schieben. Die Cookies **etwa 15 Minuten backen**.

◇ Die Cookies mit dem Backpapier vom Backblech auf einen Kuchenrost ziehen, Cookies erkalten lassen.

Tipp: Gesalzene Macadamianusskerne können mit warmem Wasser abgespült, mit Küchenpapier trocken getupft und dann wie angegeben weiterverarbeitet werden.

Shortbread mit Vanilleschokolade

etwa 20 Sticks
6 Gläser Vanilleschokolade
Für die Shortbread-Sticks:
180 g Weizenmehl
40 g feiner Zucker
125 g kalte Butter

2 EL Weizenmehl zum Bestäuben

1 Prise Salz

Für die Vanilleschokolade:
700 ml Milch (3,5 % Fett)
1 Vanilleschote
150 g Zartbitter-Kuvertüre

Zubereitungszeit: 30 Minuten,
ohne Abkühl- und Ziehzeit
Backzeit: etwa 10 Minuten je Backblech

Pro Stick: E: 1 g, F: 5 g, Kh: 10 g,
kJ: 381, kcal: 91, BE: 0,2

Pro Glas: E: 6 g, F: 13 g, Kh: 17 g,
kJ: 900, kcal: 216, BE: 1,5

◊ Den Backofen vorheizen. Ober-/Unterhitze: etwa 180 °C, Heißluft: etwa 160 °C.

◊ Für die Sticks Mehl und Zucker in eine Rührschüssel geben. Die kalte Butter in dünne Scheiben schneiden und hinzugeben. Die Zutaten mit den Händen zu einem festen Teig verkneten.

◊ Den Teig auf einer bemehlten Arbeitsfläche zu einem Rechteck (etwa 18 x 20 cm) ausrollen. Das Teigrechteck mit 1 Prise Salz bestreuen und etwas andrücken. Das Teigrechteck so halbieren, dass 2 Rechtecke (etwa 9 x 20 cm) entstehen. Die Teigrechtecke in 9 x 2 cm große Streifen schneiden. In jeden Streifen mit einer Gabel ein Muster einstechen.

◊ Die Teigstreifen nicht zu dicht nebeneinander auf 2 Backbleche (mit Backpapier belegt) legen. Die Backbleche nacheinander (bei Heißluft zusammen) in den vorgeheizten Backofen schieben. Die Shortbread-Sticks **etwa 10 Minuten je Backblech backen.**

◊ Die Shortbread-Sticks mit dem Backpapier von den Backblechen auf Kuchenroste ziehen. Shortbread-Sticks erkalten lassen.

◊ Für die **Vanilleschokolade** in der Zwischenzeit die Milch in einem Topf erhitzen. Die Vanilleschote längs aufschneiden und das Mark mit einem Messerrücken herausschaben. Vanillemark und -schote in die heiße Milch geben und etwa 10 Minuten ziehen lassen, Vanilleschote entfernen. Die Vanillemilch bis kurz vor dem Siedepunkt erhitzen (nicht kochen, sonst wird der Schaum nicht fest), mit einem Schneebesen oder einem Milchschäumer schaumig aufschlagen. Etwa 6 Esslöffel Schaum abnehmen und in eine vorgewärmte Tasse geben.

◊ Die Zartbitter-Kuvertüre in kleine Stücke hacken und in der heißen Vanillemilch unter Rühren schmelzen. Die Vanilleschokolade in 6 hitzebeständige Gläser füllen und den abgenommenen, heißen Schaum darauf verteilen.

◊ Shortbread mit der Vanilleschokolade servieren.

Crumble-Cookies

etwa 25 Stück
100 g Walnusskerne

300 g Weizenmehl
1 gestr. TL Dr. Oetker Backin
250 g kalte Butter
200 g brauner Zucker (Rohrzucker)
100 g weißer Zucker
1 Pck. Dr. Oetker
Bourbon-Vanille-Zucker
1 Prise Salz
2 Eigelb (Größe M)
100 g kernige Haferflocken
2 TL gem. Kardamom

Zubereitungszeit: 25 Minuten
Backzeit: etwa 20 Minuten je Backblech

Pro Stück: E: 3 g, F: 12 g, Kh: 23 g,
kJ: 881, kcal: 210, BE: 2,0

◊ Walnusskerne grob hacken.

◊ Den Backofen vorheizen. Ober-/Unterhitze: etwa 180 °C, Heißluft: etwa 160 °C.

◊ Mehl mit Backpulver in einer Rührschüssel mischen. Die kalte Butter in kleine Würfel schneiden und hinzugeben. Braunen Zucker, weißen Zucker, Vanille-Zucker, Salz, Eigelb, Walnusskerne, Haferflocken und Kardamom hinzufügen. Die Zutaten mit einem Mixer (Knethaken) zu groben Streuseln verkneten.

◊ Einen Ausstechring (Ø etwa 7 cm) auf ein Backblech (gefettet, mit Backpapier belegt) setzen. 1–2 gehäufte Esslöffel Streuselteig hineingeben und etwas festdrücken. Den Ausstechring abheben und so das Backblech mit Streuseltalern füllen. Aus dem restlichen Teig weitere Streuseltaler auf einem zweiten Backblech (gefettet, mit Backpapier belegt) zubereiten.

◊ Die Backbleche nacheinander (bei Heißluft zusammen) in den vorgeheizten Backofen schieben. Die Cookies **etwa 20 Minuten je Backblech backen.**

◊ Die gebackenen Cookies mit dem Backpapier von den Backblechen auf Kuchenroste ziehen. Die Cookies erkalten lassen und dann erst vom Backpapier lösen.

Tipp: Es können noch 50 g getrocknete Cranberrys unter den Teig gemischt werden.

Cookies

Pecan Pie

etwa 10 Stücke
Für den Teig:
250 g Weizenmehl
200 g kalte Butter
4 EL kaltes Wasser
½ gestr. TL Salz

etwas Weizenmehl
zum Bestäuben

Für die Füllung:
120 g Butter (zimmerwarm)
120 g Zucker
4 Eier (Größe M)
180 g Maisstärkesirup oder
Zuckerrübensirup
1 Pck. Dr. Oetker
Bourbon-Vanille-Zucker
350 g Pecannusskerne

evtl. 1 EL Puderzucker

Zubereitungszeit: 35 Minuten, ohne Kühlzeit
Backzeit: etwa 50 Minuten

Pro Stück: E: 8 g, F: 54 g, Kh: 48 g,
kJ: 2982, kcal: 712, BE: 4,0

◊ Für den Teig Mehl in eine Rührschüssel geben. Butter, Wasser und Salz hinzufügen. Die Zutaten mit einem Mixer (Knethaken) zu einem glatten Teig verkneten. Den Teig in Frischhaltefolie wickeln und etwa 1 Stunde in den Kühlschrank stellen.

◊ Den Backofen vorheizen. Ober-/Unterhitze: etwa 200 °C, Heißluft: etwa 180 °C.

◊ Den Teig mit Mehl bestäuben und auf einer leicht bemehlten Arbeitsfläche zu einer runden Platte (Ø etwa 30 cm) ausrollen. Die Teigplatte in eine Tarteform (Ø 28 cm, gefettet) legen und dabei den Rand nach innen klappen. Mit den Fingern Mulden in den Rand drücken.

◊ Für die Füllung Butter und Zucker in einer Rührschüssel mit einem Mixer (Rührstäbe) auf höchster Stufe etwa 4 Minuten weiß-schaumig schlagen. Eier nacheinander unterrühren. Sirup und Vanille-Zucker unterschlagen.

◊ Etwa 40 Pecannusskerne beiseitelegen. Die restlichen Pecannusskerne unter die Butter-Sirup-Masse heben. Die Masse auf dem Teigboden in der vorbereiteten Tarteform verteilen und die Oberfläche mit den beiseitegelegten Pecannusskernen garnieren.

◊ Die Form auf dem Rost in den vorgeheizten Backofen schieben. Die Pie **etwa 5 Minuten backen.** Dann die Backofentemperatur um etwa 10 °C herunterschalten und die Pie in **weiteren etwa 45 Minuten fertig backen.**

◊ Die Form auf einen Kuchenrost stellen. Die Pie erkalten lassen und nach Belieben mit Puderzucker bestäubt servieren.

Tipp: Wenn Sie nur gesalzene Pecannusskerne bekommen, diese mit warmem Wasser abspülen und mit Küchenpapier trocken tupfen. Die Pie schmeckt auch gut mit Walnusskernen.

Key-Lime-Pie

etwa 10 Stücke
Für den Teig:
300 g Weizenmehl
50 g Zucker
1 Prise Salz
200 g kalte Butter
1 Eigelb (Größe M)

Für den Belag:
4–5 Bio-Limetten
(unbehandelt, ungewachst)
5 Eigelb (Größe M)
150 g Zucker
400 ml Kondensmilch (10 % Fett)

1 EL Butter (zimmerwarm)

Für die Baiserhaube:
6 Eiweiß (Größe M)
1 Prise Salz
150 g feiner Zucker
1 EL Speisestärke

Zubereitungszeit: 45 Minuten
Backzeit: etwa 50 Minuten

Pro Stück: E: 11 g, F: 27 g, Kh: 64 g,
kJ: 2272, kcal: 543, BE: 5,5

◊ Den Backofen vorheizen. Ober-/Unterhitze: etwa 180 °C, Heißluft: etwa 160 °C.

◊ Für den Teig Mehl in eine Rührschüssel geben. Zucker, Salz, Butter in Stückchen geschnitten und Eigelb hinzufügen. Die Zutaten mit einem Mixer (Knethaken) zu Streuseln verkneten. Die Streusel gleichmäßig in einer Springform (Ø 26 cm, Boden mit Backpapier belegt) verteilen, dabei einen etwa 3 cm hohen Rand fest andrücken. Die Streusel mit einem Esslöffel zu einem Boden andrücken. Die Form auf dem Rost in den vorgeheizten Backofen schieben. Den Streuselboden **etwa 20 Minuten vorbacken.**

◊ Für den Belag die Limetten heiß abwaschen und abtrocknen. Die Schale mit einer Küchenreibe fein abreiben. Die Limetten halbieren, den Saft auspressen und 125 ml Limettensaft abmessen. Eigelb und Zucker in einer Rührschüssel mit dem Mixer (Rührstäbe) in 3–4 Minuten schaumig schlagen. Kondensmilch und die abgeriebene Limettenschale hinzugeben und unterrühren. Den Limettensaft untermischen.

◊ Die Form aus dem Backofen nehmen. Den Springformrand oberhalb des vorgebackenen Streuselbodens dünn mit Butter bestreichen (verhindert das Festkleben des Eischaumes). Die Limettencreme auf den vorgebackenen heißen Streuselboden gießen.

◊ Für die Baiserhaube Eiweiß und Salz in eine Rührschüssel geben und steif schlagen. Zucker hinzugeben und in 4–5 Minuten zu einen elastischen Schnee schlagen. Speisestärke kurz unterrühren. Den Eischnee esslöffelweise auf die vorbereitete Limettencreme geben. Die Backofentemperatur um **etwa 10 °C herunterschalten.**

◊ Die Form wieder auf dem Rost in den heißen Backofen schieben. Lime Pie **in etwa 30 Minuten fertig backen.** Die Kuchenoberfläche evtl. nach etwa 15 Minuten Backzeit mit Backpapier belegen, damit der Kuchen nicht zu dunkel wird.

Brownies mit Nusskaramell

etwa 16 Stücke
Für den Nusskaramell:
150 g Cashewkerne
100 g Zucker

Für den Teig:
350 g Zartbitter-Schokolade
100 g Butter
4 Eier (Größe L)
160 g Zucker
1 Prise Salz
1 Prise gem. Zimt
150 g Weizenmehl

Zum Bestäuben:
1 EL Kakaopulver

Zubereitungszeit: 25 Minuten,
ohen Abkühlzeit
Backzeit: etwa 25 Minuten

Pro Stück: E: 6 g, F: 18 g, Kh: 35 g,
kJ: 1376, kcal: 329, BE: 3,0

◊ Einen Backrahmen auf etwa 25 x 25 cm ausziehen und auf ein Backblech stellen. Zwei Bögen Backpapier in den Rahmen legen, sodass die Ränder und der Boden bedeckt sind.

◊ Für den Nusskaramell Cashewkerne grob hacken. Zucker gleichmäßig in eine Pfanne streuen und bei mittlerer Hitze karamellisieren lassen. Die Cashewkerne hinzugeben und mit dem Karamell vermischen. Die Karamellmasse auf einem Bogen Backpapier verteilen und abkühlen lassen. Dann die karamellisierten Cashewkerne grob hacken.

◊ Den Backofen vorheizen. Ober-/Unterhitze: etwa 180 °C, Heißluft: etwa 160 °C.

◊ Für den Teig Schokolade grob hacken, mit der Butter in einen Topf geben und bei schwacher Hitze unter gelegentlichem Rühren schmelzen.

◊ Eier, Zucker und Salz in eine Rührschüssel geben und mit einem Mixer (Rührstäbe) schaumig schlagen. Zimt, Mehl, Cashew-Karamell und geschmolzene Schokolade unter die Eiermasse ziehen. Die Masse in den vorbereiteten Backrahmen füllen und glatt streichen. Das Backblech in den vorgeheizten Backofen schieben. Die Brownies **etwa 25 Minuten backen.**

◊ Das Backblech auf einen Kuchenrost stellen. Die Brownies abkühlen lassen, dann in Quadrate schneiden und mit Kakao bestäuben.

Tipp: Die Cashewkerne lassen sich austauschen. Es passen auch Pecannusskerne, Walnusskerne oder ganze abgezogene Mandeln. Achtung! Den Kuchen möglichst nicht länger backen als beschrieben. Er verliert dann seine Saftigkeit und wird trocken.

Bananenbrot

etwa 12 Scheiben
300 g Weizenmehl
120 g Haferflocken, blütenzart
200 g abgezogene, gem. Mandeln
1 gestr. TL Natron
2 gestr. TL Dr. Oetker Backin
1 Prise Salz
1 Prise gem. Zimt
½ TL ger. Muskatnuss
60 g Butter (zimmerwarm)
150 g Zucker
2 Eier (Größe M)
250 g Buttermilch
3 Bananen (etwa 600 g)
100 g Zartbitter-Schokolade

Zubereitungszeit: 25 Minuten,
ohne Abkühlzeit
Backzeit: etwa 75 Minuten

Pro Scheibe: E: 10 g, F: 18 g, Kh: 48 g,
kJ: 1664, kcal: 398, BE: 4,0

◊ Den Backofen vorheizen. Ober-/Unterhitze: etwa 180 °C, Heißluft: etwa 160 °C.

◊ Mehl mit Haferflocken, Mandeln, Natron, Backpulver, Salz, Zimt und Muskat in einer Rührschüssel mischen.

◊ Butter, Zucker, Eier und Buttermilch hinzugeben. Die Zutaten mit einem Mixer (Rührstäbe) zu einem Teig verrühren.

◊ Bananen schälen und mit einer Gabel zerdrücken. Das Bananenmus unter den Teig rühren. Die Schokolade grob hacken und untermischen. Den Teig in eine Kastenform (30 x 11 cm, gefettet, mit Backpapier ausgelegt) geben und glatt streichen. Die Form auf dem Rost in den vorgeheizten Backofen schieben. Das Bananenbrot **etwa 75 Minuten backen.**

◊ Das Brot evtl. nach etwa 30 Minuten Backzeit mit Backpapier belegen, damit es nicht zu dunkel wird.

◊ Die Form auf einen Kuchenrost stellen. Das Brot etwa 5 Minuten in der Form abkühlen lassen, dann auf den Kuchenrost stürzen, mitgebackenes Backpapier abziehen. Das Brot wieder umdrehen, in Scheiben schneiden und warm servieren.

Tea

Eistee ◊ 1 Liter Wasser zum Kochen bringen. Teeblätter, 1 Stück Zitronenschale und 1 Stück Orangenschale, 2 Gewürznelken, 1 Stange Zimt und 2 Pimentkörner in eine Kanne geben. Mit kochendem Wasser aufgießen und 3–5 Minuten ziehen lassen. Den Tee durch ein Sieb gießen, mit Zucker oder Honig süßen und erkalten lassen. 4 Gläser mit Eiswürfeln füllen und mit dem Tee aufgießen. Mit einer Orangenscheibe garnieren.

Minztee ◊ Schwarzen Tee in eine vorgewärmte Kanne geben, mit kochendem Wasser aufgießen und ziehen lassen. Den Tee in Gläser füllen. Minzstängel abspülen, trocken tupfen und je einen Stängel in den schwarzen Tee geben. Marokkanischer Minztee wird mit grünem Tee zubereitet und mit Minze serviert.

Chai ◊ 1 Liter Milch zum Kochen bringen. 4 Esslöffel schwarzen Tee hineingeben und 2 Minuten leise köcheln lassen. Den Chai durch ein Sieb in 4 Gläser füllen und, wer will, mit braunem Zucker süßen. Der Tee kann nach Geschmack mit Gewürzen wie Zimtstange, Gewürznelken, Kardamom und Sternanis gewürzt werden. Erkaltet kann der Chai mit Eiswürfeln serviert werden.

Ingwertee ◊ 1 kleines Stück frischen Ingwer schälen, längs in 4 Scheiben schneiden und in 4 Gläser geben. Mit kochendem Wasser überbrühen und 3 Minuten ziehen lassen.

Yogitee ◊ 600 Milliliter Wasser kochen. 4 Teelöffel Yogiteemischung hineingeben und etwa 4 Minuten ziehen lassen. Den Tee durch ein Sieb gießen und 4 Gläser damit zur Hälfte füllen. 400 Milliliter Milch erhitzen und aufschäumen. Die Milch in den Yogitee gießen und mit Milchschaum krönen.

Tee auf russische Art ◊ Nach Geschmack 1–2 Teelöffel Konfitüre (z. B. Erdbeerkonfitüre) in ein Teeglas geben und mit heißem schwarzen Tee aufgießen.

Indischer Kardamomtee ◊ 1 Liter Wasser zum Kochen bringen. 12 grüne Kardamomkapseln hineingeben und etwa 5 Minuten leise köcheln lassen. Die Kardamomkapseln entfernen. 3 Teelöffel schwarzen Tee in eine vorgewärmte Kanne geben und mit dem Kardamomwasser auffüllen. Nach Geschmack ziehen lassen, mit Zucker und Milch servieren.

Coffee & Chocolate

Spiced Iced Coffee ◊ 1 Liter heißen starken Kaffee mit 1 Stange Zimt, 4 Gewürznelken und 50 g Zucker verrühren. Abkühlen lassen und in den Kühlschrank stellen. Die Gewürze entfernen. Eiswürfel in 4 Gläser füllen und den Kaffee darübergießen. Mit Schlagsahne und Strohhalm servieren.

Café frappé ◊ 600 Milliliter starken Kaffee mit 180 g Zucker verrühren und abkühlen lassen. Den Kaffee mit 6 Eiswürfeln und 100 g Schlagsahne in einen Mixer geben. Kräftig aufmixen, bis das Getränk im Mixer schäumt. Sofort in 4 Gläsern servieren.

Wiener Kaffee ◊ 125 g Zartbitter-Schokolade in Stücke brechen, in eine Edelstahlschüssel geben und im Wasserbad bei schwacher Hitze unter Rühren schmelzen lassen. Nach Belieben Zucker oder Honig und 3 Esslöffel Schlagsahne unterrühren. 750 Milliliter frisch gekochten Kaffee nach und nach mit einem Schneebesen unterschlagen, bis der Schokoladenkaffee schaumig ist. 100 g Schlagsahne (mind. 30 % Fett) schlagen. Den Schokoladenkaffee in 4 Tassen oder Gläser füllen und mit der Schlagsahne bedecken.

Cappuccino ◊ 500 Milliliter Milch (3,5 % Fett) erhitzen und dabei aufschäumen. Kurz beiseitestellen. Starken Espresso kochen. Die Milch mit dem Schaum cremig rühren und in 4 Tassen füllen. Mit gut 100 Milliliter Espresso aufgießen.

Espresso ◊ Stark gebranntes Espresso-Kaffeepulver in einer Espressomaschine zubereiten und in vorgewärmte kleine Tassen füllen. Sofort servieren.

Espresso macchiato ◊ Espresso mit Milchschaumhaube.

Americano ◊ Espresso-Kaffeepulver, mit viel Wasser aufgebrüht.

Café cortado ◊ Ein kleines Cortadoglas mit starkem Espresso füllen und mit reichlich Milchschaum bedecken.

Kakao ◊ Pro Glas 1–2 Teelöffel Kakaopulver mit Zucker und 2 Esslöffeln heißem Wasser glatt rühren. 200 Milliliter Milch hinzugießen und unter Schlagen mit einem Schneebesen erhitzen.

Mexikanische Schokolade ◊ 500 Milliliter Wasser zum Kochen bringen. 150 g Zartbitter-Schokolade fein reiben und unter Rühren mit dem Schneebesen unter das kochende Wasser rühren. Nach Geschmack 1 Prise Chilipulver und das ausgekratzte Mark von einer halben Vanilleschote hinzugeben. 4–5 Minuten unter Rühren leise köcheln lassen. In 4 kleinen Gläsern servieren.

Spanische Schokolade ◊ 500 Milliliter Milch (3,5 % Fett), 60 g geriebene Zartbitter-Schokolade und 1 Teelöffel gemahlenen Zimt unter Rühren erhitzen, bis die Schokolade geschmolzen ist. Zwei Eier unterrühren und unter Rühren erhitzen, bis die Schokolade dicklich ist (sie darf nicht kochen!). Die Schokolade in 4 Gläsern servieren.

Getränke

Zitronen-Pfefferminz-Limonade (im Foto hinten rechts)

etwa 1 Liter (4 Portionen)
6 Bio-Zitronen
(unbehandelt, ungewachst)
500 ml Wasser
140 g Zucker
10 Stängel stark
duftende Pfefferminze
500 ml Mineralwasser
mit Kohlensäure
500 g Eiswürfel

Zubereitungszeit: 20 Minuten, ohne Kühlzeit

Pro Portion: E: 0 g, F: 0 g, Kh: 37 g,
kJ: 675, kcal: 162, BE: 3,0

◊ Die Zitronen heiß abwaschen, abtrocknen und von 5 Zitronen die Schale dünn abschälen.

◊ Wasser und Zucker in einem Topf zum Kochen bringen. Zitronenschale in den kochenden Zuckersirup geben. 3 Zitronen halbieren und den Saft auspressen. Den Saft unter den Zuckersirup rühren. Den Zitronensirup einmal aufkochen, bis der Zucker gelöst ist. Den Topf von der Kochstelle nehmen.

◊ Die Minze abspülen, trocken tupfen, in den heißen Zitronensirup geben und etwa 2 Minuten ziehen lassen. Dann die Minzestängel herausnehmen. Den Sirup abkühlen lassen und anschließend zugedeckt in den Kühlschrank stellen.

◊ Den Sirup durch ein Sieb in einen Saftkrug oder in eine Flasche füllen. Eine Zitrone in Spalten schneiden und in Gläsern verteilen. Die restlichen 2 Zitronen halbieren und den Saft auspressen. Den Zitronensaft unter den kalten Sirup rühren.

◊ Die Eiswürfel auf den Zitronenspalten in den Gläsern verteilen. Die Gläser jeweils zur Hälfte mit dem Sirup füllen und mit Mineralwasser auffüllen. Zitronen-Pfefferminz-Limonade sofort servieren.

Apfel-Vanille-Limonade (im Foto vorne rechts)

etwa 1 Liter (4 Portionen)
500 ml Wasser
140 g Zucker
1 Vanilleschote
1 rotschaliger Apfel
40 g frischer Ingwer
2 Grapefruits
250 g Eiswürfel
500 ml Mineralwasser
mit Kohlensäure

Zubereitungszeit: 20 Minuten,
ohne Kühlzeit

Pro Portion: E: 1 g, F: 0 g, Kh: 46 g,
kJ: 820, kcal: 196, BE: 4,0

◊ Wasser und Zucker in einem Topf zum Kochen bringen. Die Vanilleschote längs aufschneiden und das Mark mit einem Messerrücken herausschaben. Vanillemark und -schote in den kochenden Zuckersirup geben.

◊ Den Apfel heiß abwaschen, abtrocknen. Den Apfel mit der Schale und dem Kerngehäuse in Spalten schneiden. Ingwer abspülen, trocken tupfen und ungeschält in dünne Scheiben schneiden. Apfelspalten und Ingwerscheiben in den Sirup geben, wieder zum Kochen bringen und etwa 2 Minuten bei schwacher Hitze kochen lassen. Den Topf von der Kochstelle nehmen. Den Sirup abkühlen lassen und anschließend zugedeckt in den Kühlschrank stellen.

◊ Den Sirup durch ein Sieb in einen Saftkrug oder in eine Flasche füllen.

◊ Grapefruits halbieren und den Saft auspressen. Den Grapefruitsaft unter den kalt gestellten Sirup rühren.

◊ Die Eiswürfel in Gläsern verteilen. Die Gläser jeweils zur Hälfte mit dem Sirup füllen und mit Mineralwasser auffüllen. Die Apfel-Vanille-Limonade sofort servieren.

Mandarinen-Limonade (im Foto links)

etwa 1 Liter (4 Portionen)
6 Bio-Mandarinen
(unbehandelt, ungewachst)
500 ml Wasser
140 g Zucker
250 g Eiswürfel
400 ml Mineralwasser
mit Kohlensäure

Zubereitungszeit: 30 Minuten, ohne Kühlzeit

Pro Portion: E: 1 g, F: 0 g, Kh: 41 g,
kJ: 707, kcal: 169, BE: 3,5

◊ Die Mandarinen heiß abwaschen, abtrocknen und die Schale mit einem Sparschäler dünn abschälen. Wasser und Zucker in einem Topf zum Kochen bringen, Mandarinenschalen hinzugeben und etwa 2 Minuten bei schwacher Hitze kochen lassen.

◊ Den Topf von der Kochstelle nehmen, den Sirup abkühlen lassen und anschließend in den Kühlschrank stellen.

◊ Mandarinen halbieren und den Saft auspressen. Den Mandarinensaft mit dem kalt gestellten Sirup mischen.

◊ Den Sirup durch ein Sieb in einen Saftkrug oder in eine Flasche füllen. Die Eiswürfel in Gläsern verteilen. Die Gläser jeweils zur Hälfte mit dem Sirup füllen und mit Mineralwasser auffüllen. Die Mandarinen-Limonade sofort servieren.

Getränke

Creamcheese Heidelbeer

etwa 12 Stücke
125 g Butter
200 g Vollkorn-Butterkekse
3 EL Zucker

500 g Crème fraîche
250 g Magerquark
4 Eier (Größe M)
180 g Zucker
1 Pck. Dr. Oetker
Bourbon-Vanille-Zucker
100 ml Milch (3,5 % Fett)

205 g abgetropfte Heidelbeeren
(aus dem Glas)
1 Pck. ungezuckerter
Tortenguss, klar
3 EL Zucker
250 ml Heidelbeersaft
(aus dem Glas)

Zubereitungszeit: 35 Minuten, ohne Kühlzeit
Backzeit: etwa 80 Minuten

Pro Stück: E: 8 g, F: 26 g, Kh: 39 g,
kJ: 1758, kcal: 422, BE: 3,0

◊ Butter in einem kleinen Topf bei schwacher Hitze zerlassen.

◊ Den Backofen bei Ober-/Unterhitze auf etwa 140 °C vorheizen.

◊ Butterkekse portionsweise in einem Blitzhacker fein hacken. Die Keksbrösel in eine Rührschüssel füllen, Zucker hinzugeben. Die Butter hinzugießen und gut unterrühren. Die Brösel-Butter-Masse gleichmäßig in einer Springform (Ø 28 cm, Boden mit Backpapier belegt) verteilen und mit einem Esslöffel zu einem Boden andrücken. Den Bröselboden kurz in den Kühlschrank stellen.

◊ Crème fraîche, Quark, Eier, Zucker, Vanille-Zucker und Milch in eine Rührschüssel geben und mit einem Schneebesen verschlagen. Die Masse über einen Löffel auf den Bröselboden gießen. Achtung! Ganz vorsichtig gießen, sonst kann sich der Boden lösen.

◊ Die Form auf dem Rost in den vorgeheizten Backofen schieben. Den Creamcheese **etwa 80 Minuten backen.**

◊ Die Form auf einen Kuchenrost stellen. Den Creamcheese etwa eine Stunde in der Form erkalten lassen, dann in den Kühlschrank stellen.

◊ Von den Heidelbeeren den Saft auffangen und 250 ml abmessen, evtl. mit Wasser auffüllen. Aus Tortengusspulver, Zucker und dem Saft einen Guss nach Packungsanleitung zubereiten.

◊ Die Heidelbeeren vorsichtig auf dem Creamcheese verteilen. Den Guss daraufgeben, Guss abkühlen lassen. Den Creamcheese in den Kühlschrank stellen und den Guss fest werden lassen.

◊ Creamcheese aus der Form lösen, auf eine Tortenplatte geben und gut gekühlt servieren.

Hinweis: Mit Heißluft funktioniert es nicht!

Tipp: Der Kuchen lässt sich auch mit Sauerkirschen oder anderen eingemachten Früchten zubereiten.

Käse-Milch-Kuchen

etwa 12 Stücke
Für den Knetteig:
150 g Weizenmehl
1 gestr. TL Dr. Oetker Backin
100 g Butter
50 g Zucker
1 Eigelb (Größe M)

etwas Weizenmehl
zum Bestäuben

Für den Belag:
500 g Magerquark
80 ml Sonnenblumenöl
120 g Zucker
1 Eiweiß (Größe M)
Mark von 1 Vanilleschote
40 g Speisestärke
500 ml Milch (3,5 % Fett)

Zubereitungszeit: 35 Minuten,
ohne Abkühlzeit
Backzeit: etwa 70 Minuten

Pro Stück: E: 9 g, F: 16 g, Kh: 31 g,
kJ: 1278, kcal: 306, BE: 2,5

◊ Den Backofen vorheizen. Ober-/Unterhitze: etwa 170 °C, Heißluft: etwa 150 °C.

◊ Für den Teig Mehl mit Backpulver mischen und in eine Rührschüssel geben. Butter, Zucker und Eigelb hinzufügen. Die Zutaten mit einem Mixer (Knethaken) zunächst kurz auf niedrigster, dann auf höchster Stufe gut durcharbeiten.

◊ Anschließend auf einer leicht bemehlten Arbeitsfläche kurz zu einem Teig verkneten. Den Teig halbieren. Eine Teighälfte mit Mehl bestäuben und auf der leicht bemehlten Arbeitsfläche zu einer runden Platte (Ø etwa 26 cm) ausrollen. Die Teigplatte in eine Springform (Ø 26 cm, Boden mit Backpapier belegt) legen.

◊ Restlichen Teig zu einer Rolle (etwa 75 cm Länge) formen, an den Springformrand legen und so an die Form drücken, dass ein etwa 3 cm hoher Rand entsteht.

◊ Für den Belag Quark mit Sonnenblumenöl, Zucker und Eiweiß gut verrühren, Vanillemark hinzugeben. Speisestärke mit Milch verrühren und unter die Quarkmasse rühren. Die Quarkmasse auf den Teigboden geben und glatt streichen. Die Form auf dem Rost in den vorgeheizten Backofen schieben. Den Käsekuchen **etwa 70 Minuten backen.**

◊ Die Form auf einen Kuchenrost stellen. Den Kuchenrand mit einem Messer lösen. Den Kuchen in der Form erkalten lassen, dann aus der Form lösen. Den Käse-Milch-Kuchen auf eine Tortenplatte setzen, in Stücke schneiden und servieren.

Mandarinen-Frischkäse-Torte

etwa 10 Stücke
200 ml kaltes Wasser
1 Beutel aus 1 Pck.
Zitronen-Götterspeise
200 g Doppelrahm-Frischkäse
150 g Zucker

200 g Löffelbiskuits
120 g Butter
400 g Schlagsahne
(mind. 30 % Fett)
Saft von 2 Zitronen
480 g abgetropfte Mandarinen
(aus Dosen)

Zubereitungszeit: 40 Minuten, ohne Kühlzeit

Pro Stück: E: 7 g, F: 30 g, Kh: 40 g,
kJ: 1981, kcal: 473, BE: 3,5

◊ Den Boden einer Springform (Ø 26 cm) mit Backpapier belegen und den Spring-formrand darum festziehen.

◊ 200 ml kaltes Wasser in einen Topf gießen. Die Zitronen-Götterspeise unter Rühren hineinstreuen. 2 Minuten beiseitestellen und quellen lassen. Die gequollene Zitronen-Götterspeise bei schwacher Hitze auflösen (nicht kochen lassen).

◊ Frischkäse und Zucker in eine Rührschüssel geben und mit einem Teigschaber glatt rühren. Die erhitzte, aufgelöste Zitronen-Götterspeise portionsweise mit einem Schnee-besen unter den Frischkäse rühren. Die Frischkäsecreme in den Kühlschrank stellen, bis sie anfängt zu gelieren.

◊ In der Zwischenzeit die Löffelbiskuits portionsweise in einem Blitzhacker zerkleinern oder die Löffelbiskuits in einen Gefrierbeutel füllen, Beutel fest verschließen. Löffel-biskuits mit einer Teigrolle zerbröseln. Biskuitbrösel in eine Schüssel geben. Die Butter in einem Topf zerlassen und unter die Brösel mischen. Die Butter-Brösel-Masse auf dem vorbereiteten Springformboden verteilen und mit einem Esslöffel zu einem Boden andrücken.

◊ Sahne steif schlagen. Die gelierende Frischkäsecreme mit einem Schneebesen glatt rühren, den Zitronensaft unterrühren. Nochmals 2–3 Minuten in den Kühlschrank stellen. Die geschlagene Sahne portionsweise unter die Creme heben. Die abgetropften Manda-rinen unterheben.

◊ Die Mandarinencreme auf dem Bröselboden verteilen. Die Torte mindestens 4 Stunden in den Kühlschrank stellen.

Maracuja-Tarte

etwa 12 Stücke
Für den Teig:
150 g Weizenmehl
100 g Butter
50 g Zucker
1 Eigelb (Größe M)
1 Prise Salz

etwas Weizenmehl
zum Bestäuben

Zum Blindbacken:
500 g Hülsenfrüchte (z. B. getrocknete Erbsen oder Linsen)

Für die Creme:
10 Maracujas (Passionsfrüchte)
4 Eier (Größe M)
150 g Zucker
200 g Schlagsahne

Für den Karamell:
200 g Zucker

Zubereitungszeit: 45 Minuten, ohne Kühlzeit
Backzeit: etwa 55 Minuten

Pro Stück: E: 5 g, F: 15 g, Kh: 45 g,
kJ: 1419, kcal: 339, BE: 4,0

◊ Für den Teig Mehl in eine Rührschüssel geben. Butter, Zucker, Eigelb und Salz hinzufügen. Die Zutaten mit einem Mixer (Knethaken) zu einem Teig verkneten. Den Teig in
Frischhaltefolie gewickelt etwa 1 Stunde in den Kühlschrank stellen.

◊ Den Backofen vorheizen. Ober-/Unterhitze: etwa 180 °C, Heißluft: etwa 160 °C.

◊ Den gekühlten Teig geschmeidig kneten, mit Mehl bestäuben und auf einer leicht
bemehlten Arbeitsfläche zu einer runden Platte (Ø etwa 30 cm) ausrollen. Die Teigplatte
zunächst auf die Teigrolle wickeln, dann auf einer Tarteform (Ø 28 cm, gefettet) abwi-
ckeln und in die Form und an den Rand drücken.

◊ Zum Blindbacken den Teig mit Backpapier belegen und die Hülsenfrüchte darauf
verteilen. Die Form auf dem Rost in den vorgeheizten Backofen schieben. Den Boden
etwa 20 Minuten blindbacken. Dann das Backpapier mit den Hülsenfrüchten vorsichtig
entfernen. Den Knetteigboden **weitere etwa 5 Minuten backen.**

◊ Für die Creme Maracujas halbieren und mit einem Teelöffel das Fruchtfleisch herauslö-
sen (ergibt etwa 200 g). Das Fruchtfleisch mit einem Pürierstab mixen und in eine
Rührschüssel geben. Eier, Zucker und Sahne hinzugeben. Die Zutaten mit einem
Schneebesen verschlagen und auf dem vorgebackenen, heißen Knetteigboden verteilen.

◊ Die Form wieder auf dem Rost in den heißen Backofen schieben. Die Maracuja-Tarte
bei gleicher Backofentemperatur in weiteren etwa 30 Minuten fertig backen.

◊ Die Form auf einen Kuchenrost stellen. Die Tarte abkühlen lassen und anschließend in
den Kühlschrank stellen.

◊ Für den Karamell Zucker in eine Pfanne streuen und bei mittlerer Hitze goldbraun
karamellisieren lassen. Flüssigen Karamell auf ein Stück Backpapier gießen (nicht berüh-
ren, er ist sehr heiß) und erkalten lassen. Ein zweites Stück Backpapier darauflegen und
den Karamell mit einer Teigrolle zerkleinern.

◊ Die Karamellstücke vor dem Servieren auf die gut gekühlte Maracuja-Tarte streuen.

Schokoladen-Tarte

etwa 12 Stücke
Für den Teig:
200 g Weizenmehl
80 g Zucker
1 Prise Salz
1 Eigelb (Größe M)
150 g Butter

etwas Weizenmehl
zum Bestäuben

Für die Schokoladencreme:
400 g Schlagsahne
300 g Zartbitter-Kuvertüre
1 Prise gem. Zimt
1 Pck. Dr. Oetker
Bourbon-Vanille-Zucker
50 g Zucker
50 g Butter
1 Ei (Größe M)
1 Eiweiß (Größe M)
1 EL Kakaopulver

Zubereitungszeit: 50 Minuten,
ohne Abkühlzeit
Backzeit: etwa 40 Minuten

Pro Stück: E: 6 g, F: 34 g, Kh: 37 g,
kJ: 1995, kcal: 477, BE: 3,0

◊ Eine Springform (Ø 28 cm) bereitstellen.

◊ Für den Teig Mehl in eine Rührschüssel geben. Zucker, Salz, Eigelb und Butter in Würfel geschnitten hinzufügen. Die Zutaten mit einem Mixer (Knethaken) zu einem elastischen Teig verkneten.

◊ Einen Bogen Backpapier in Größe der Springform auf die Arbeitsfläche legen und mit etwas Mehl bestäuben. Den Teig darauflegen und ebenfalls mit Mehl bestäuben. Den Teig mit einer Teigrolle zu einer runden Platte (Ø etwa 28 cm) ausrollen. Die Teigränder etwa 3 cm nach innen einschlagen. Den Springformboden unter das Backpapier schieben. Den Springformrand darumlegen und festziehen, sodass das Backpapier eingespannt wird. Den eingeschlagenen Teig an den Springformrand legen und andrücken.

◊ Den Backofen vorheizen. Ober-/Unterhitze: etwa 180 °C, Heißluft: etwa 160 °C.

◊ Für die Creme die Sahne in einen Topf gießen und erhitzen. Die Kuvertüre in Stücke hacken, in die heiße Sahne geben und unter Rühren schmelzen lassen. Den Topf von der Kochstelle nehmen. Zimt, Vanille-Zucker, Zucker und Butter unter die Schokoladensahne rühren. Ei und Eiweiß hinzugeben.

◊ Die Schokoladencreme mit einem Mixer (Rührstäbe) glatt rühren. Die Schokoladencreme auf den Teigboden in die vorbereitete Springform geben. Die Form auf dem Rost in den vorgeheizten Backofen schieben. Die Tarte **etwa 40 Minuten backen.**

◊ Die Form auf einen Kuchenrost stellen. Die Schokoladen-Tarte in der Form erkalten lassen. Dann aus der Form lösen und auf eine Tortenplatte legen. Die Schokoladen-Tarte kurz vor dem Servieren mit Kakao bestäuben.

Himbeer-Torte

etwa 16 Stücke
150 g Butterkekse
125 g abgezogene, gem. Mandeln
140 g Butter

Für die Creme:
400 g Crème fraîche
200 g saure Sahne
2 Eier (Größe M)
150 g Zucker
abgeriebene Schale von
1 Bio-Zitrone (unbehandelt,
ungewachst)

Für den Belag:
250 g frische Himbeeren

Zubereitungszeit: 35 Minuten, ohne Kühlzeit
Backzeit etwa 90 Minuten

Pro Stück: E: 5 g, F: 23 g, Kh: 18 g,
kJ: 1244, kcal: 298, BE: 1,5

◊ Die Butterkekse grob zerkleinern, die Kekse in einen Gefrierbeutel füllen, den Beutel fest verschließen. Kekse mit einer Teigrolle zerbröseln und in eine Rührschüssel geben, die Mandeln untermischen.

◊ Butter in einem kleinen Topf zerlassen. Die flüssige Butter zu der Mandel-Brösel-Mischung geben und gut untermischen. Die Brösel-Butter-Mischung auf dem Boden einer Springform (Ø 26 cm, Boden mit Backpapier belegt) verteilen und mit einem Esslöffel zu einem Boden andrücken.

◊ Den Backofen vorheizen. Ober-/Unterhitze: etwa 160 °C, Heißluft: etwa 140 °C.

◊ Für die Creme Crème fraîche, saure Sahne, Eier, Zucker und Zitronenschale in eine Rührschüssel geben. Die Zutaten mit einem Mixer (Rührstäbe) gut verrühren. Die Creme vorsichtig über einen Löffel auf den Bröselboden geben.

◊ Für den Belag Himbeeren verlesen, evtl. kurz abspülen und gut trocken tupfen. Die Himbeeren auf der Creme verteilen. Die Form auf dem Rost in den vorgeheizten Backofen schieben. Die Himbeer-Torte **etwa 90 Minuten backen**.

◊ Die Form auf einen Kuchenrost stellen. Die Torte erkalten lassen und anschließend etwa 1 Stunde in den Kühlschrank stellen.

◊ Die Himbeer-Torte aus der Form lösen und auf eine Tortenplatte setzen.

Tipp: Statt Himbeeren abgetropfte Sauerkirschen (frisch oder aus dem Glas) verwenden.

Cakes & Tartes

Paranuss-Toffee-Kuchen

etwa 25 Stücke
Für den Teig:
250 g Paranusskerne
200 g Butter (zimmerwarm)
140 g brauner Zucker
(Rohrzucker)
1 TL gem. Zimt
1 Prise Salz
4 Eier (Größe M)
50 g Schlagsahne
200 g Weizenmehl
2 gestr. TL Dr. Oetker Backin
1 gestr. Tl. Natron

Für die Toffeeglasur:
150 g brauner Zucker
(Rohrzucker)
200 g Schlagsahne
50 ml Whisky
30 g Butter
10 g Zartbitter-Kuvertüre

Zubereitungszeit: 60 Minuten,
ohne Abkühlzeit
Backzeit: etwa 30 Minuten

Pro Stück: E: 4 g, F: 20 g, Kh: 18 g,
kJ: 1149, kcal: 275, BE: 1,5

◊ Einen Backrahmen auf etwa 25 x 25 cm ausziehen und auf ein Backblech
(mit Backpapier belegt) stellen.

◊ Den Backofen vorheizen. Ober-/Unterhitze: etwa 180 °C, Heißluft: etwa 160 °C.

◊ Für den Teig 150 g Paranusskerne im Blitzhacker fein hacken. Butter, Zucker, Zimt
und Salz in einer Rührschüssel mit einem Mixer (Rührstäbe) auf höchster Stufe etwa
2 Minuten schaumig schlagen. Eier nach und nach unterrühren (jedes Ei etwa ½ Minute),
Sahne unterrühren.

◊ Mehl mit Backpulver und Natron mischen, in 2 Portionen mit den klein gehackten
Paranusskernen kurz auf mittlerer Stufe unterrühren. Die restlichen Paranusskerne (100 g)
grob hacken und unter den Teig heben. Den Teig auf dem Backblech in dem Backrahmen
verteilen und glatt streichen.

◊ Das Backblech in den vorgeheizten Backofen schieben. Den Kuchen **etwa 30 Minuten
goldbraun backen.**

◊ Das Backblech auf einen Kuchenrost stellen. Den gebackenen Kuchen etwas abkühlen
lassen.

◊ In der Zwischenzeit für die Toffeeglasur Zucker, Sahne, Whisky und Butter in einem
breiten Topf zum Kochen bringen und bei schwacher bis mittlerer Hitze 10–15 Minuten
unter gelegentlichem Rühren dickflüssig einkochen lassen. Zur Probe einen Tropfen der
Toffeemasse auf einen kalten Teller geben. Entsteht ein deutlich gewölbter Tropfen, ist die
eingekochte Masse fertig. Den Topf sofort von der Kochstelle nehmen und kurz in kaltes
Wasser stellen.

◊ Etwa ein Drittel der Toffeemasse auf dem Kuchen verteilen. Die Kuvertüre grob hacken
und in der restlichen heißen Toffeemasse unter Rühren schmelzen. Die Toffee-Schoko-
Masse in Form von Tropfen auf die Toffeemasse geben und mit einer Gabel ein Marmor-
muster durch die Toffeemasse ziehen. Den Kuchen erkalten lassen.

◊ Den Kuchen in etwa 5 cm große Würfel schneiden.

*Tipp: Wer keinen Whisky möchte, kann ihn weglassen – dann verringert sich die
Kochzeit der Toffeemasse auf etwa 8 Minuten.*

Kokos-Limetten-Kuchen

etwa 25 Stücke
80 g Weizenmehl
1 gestr. TL Dr. Oetker Backin
je ½ TL Kardamom, Zimt und Ingwer
(alles gem.)
120 g Kokosraspel
250 g Butter (zimmerwarm)
150 g feiner Zucker
5 Eigelb (Größe M)
200 ml cremige Kokosmilch
5 Eiweiß (Größe M)
50 g Zucker

Für den Sirup:
5 Bio-Limetten
(unbehandelt, ungewachst)
100 g Zucker
100 ml Wasser

Zubereitungszeit: 30 Minuten,
ohne Abkühlzeit
Backzeit: etwa 50 Minuten

Pro Stück: E: 2 g, F: 14 g, Kh: 15 g,
kJ: 833, kcal: 199, BE: 1,0

◊ Einen eckigen Backrahmen auf 25 x 25 cm ausziehen und auf ein Backblech stellen. Die Form mit Backpapier auslegen.

◊ Den Backofen vorheizen. Ober-/Unterhitze: etwa 180 °C, Heißluft: etwa 160 °C.

◊ Mehl mit Backpulver, Gewürzen und Kokosraspeln in einer Schüssel mischen. Butter, Zucker und Eigelb in einer Rührschüssel mit einem Mixer (Rührstäbe) auf höchster Stufe schaumig schlagen. Kokosmilch unterrühren.

◊ Die Mehl-Gewürz-Mischung hinzugeben und unterrühren. Eiweiß mit Zucker steif schlagen und in zwei Portionen unter den Teig heben. Den Teig in der vorbereiteten Form verteilen. Das Backblech in den vorgeheizten Backofen schieben. Den Kuchen **etwa 50 Minuten backen.**

◊ Das Backblech auf einen Kuchenrost stellen. Den Kuchen in der Form erkalten lassen.

◊ Für den Sirup die Limetten heiß abwaschen, abtrocknen und die Schale mit einem Zestenreißer abziehen. Limetten halbieren und den Saft auspressen. Zucker und Wasser in einem Topf zum Kochen bringen und etwa 1 Minute kochen lassen. Limettenschalen hinzugeben. Den Sirup abkühlen lassen und den Limettensaft unterrühren. Den Kuchen damit tränken.

◊ Den Backrahmen und das Backpapier lösen und entfernen. Den Kuchen in etwa 5 cm große Würfel schneiden.

Beeren-Vanillekuchen

etwa 16 Stücke
je 300 g TK-Erdbeeren,
TK-Himbeeren, TK-Sauerkirschen

Für den Rührteig:
300 g Butter (zimmerwarm)
250 g Zucker
1 Pck. Dr. Oetker Vanillin-Zucker
1 Prise Salz
5 Eier (Größe M)
300 g Weizenmehl
1 geh. TL Dr. Oetker Backin
1 gestr. TL Natron

Für die Puddingcreme:
500 ml Milch (3,5 % Fett)
1 Pck. Dr. Oetker Pudding-Pulver
Vanille-Geschmack
50 g Zucker
100 g gestiftelte Mandeln
2 EL Zucker
1 TL gem. Zimt

1 EL Puderzucker

Zubereitungszeit: 45 Minuten,
ohne Antau- und Abkühlzeit
Backzeit: etwa 45 Minuten

Pro Stück: E: 7 g, F: 22 g, Kh: 43 g,
kJ: 1693, kcal: 405, BE: 3,5

◊ Die TK-Früchte bei Zimmertemperatur nach Packungsanleitung mindestens 2 Stunden antauen lassen.

◊ Den Backofen vorheizen. Ober-/Unterhitze: etwa 180 °C, Heißluft: etwa 160 °C.

◊ Für den Teig Butter in einer Rührschüssel mit einem Mixer (Rührstäbe) auf höchster Stufe geschmeidig rühren. Nach und nach Zucker, Vanillin-Zucker und Salz unterrühren. So lange rühren, bis eine gebundene Masse entstanden ist.

◊ Eier nach und nach unterrühren (jedes Ei etwa ½ Minute). Mehl mit Backpulver und Natron mischen, in 2 Portionen kurz auf mittlerer Stufe unterrühren. Den Teig auf einem Backblech mit hohem Rand (30 x 40 cm, mit Backpapier belegt) verteilen und glatt streichen.

◊ Für die Puddingcreme 5 Esslöffel von der Milch mit dem Pudding-Pulver anrühren. Restliche Milch mit dem Zucker in einem Topf zum Kochen bringen. Angerührtes Pudding-Pulver in die von der Kochstelle genommene Milch rühren und unter Rühren einmal aufkochen lassen. Den heißen Pudding esslöffelweise auf dem Teig verteilen und glatt streichen. Die angetauten Früchte gleichmäßig daraufgeben, Mandeln darauf- streuen. Zucker und Zimt mischen, die Früchte damit bestreuen.

◊ Das Backblech in den vorgeheizten Backofen schieben. Den Kuchen **etwa 45 Minuten backen.**

◊ Das Backblech auf einen Kuchenrost stellen. Den Vanillekuchen erkalten lassen.

◊ Anschließend in etwa 7 x 10 cm große Stücke schneiden und mit Puderzucker bestäuben.

Erdbeer-Trifle

4 Portionen
(4 Gläser mit je 400 ml Inhalt)
150 ml Wasser
70 g Zucker
1 Vanilleschote
200 g große, weiche Amarettini
4 EL Sherry medium oder Marsala
(Dessertwein)
500 g Erdbeeren
250 g Mascarpone (ital. Frischkäse)
200 g Schlagsahne
60 g Zucker

Zubereitungszeit: 25 Minuten,
ohne Abkühlzeit

Pro Portion: E: 8 g, F: 44 g, Kh: 87 g,
kJ: 3364, kcal: 801, BE: 7,0

◊ Wasser und Zucker in einem Topf zum Kochen bringen. Die Vanilleschote mit einem Messer längs aufschneiden und das Mark mit dem Messerrücken herausschaben. Das Vanillemark beiseitestellen. Die Vanilleschote zum Zuckerwasser in den Topf geben und etwa 3 Minuten kochen lassen. Den Vanillesirup abkühlen lassen und in den Kühlschrank stellen.

◊ Weiche Amarettini grob zerbröseln und in den Gläsern verteilen. Jeweils einen Esslöffel Vanillesirup und Sherry daraufträufeln.

◊ Erdbeeren putzen, abspülen, trocken tupfen und entstielen. Die Erdbeeren vierteln, in eine Schüssel geben und mit dem restlichen Vanillesirup vermischen. Die Erdbeerstücke in den Gläsern verteilen.

◊ Mascarpone, Sahne, beiseitegestelltes Vanillemark und Zucker in eine Rührschüssel geben und glatt rühren. Die Mascarponecreme mit einem Esslöffel dekorativ auf die Erdbeeren geben.

Tipp: Statt der weichen Amarettini können Kuchenreste aus Biskuit oder Mürbeteig in die Gläser gefüllt werden.

Desserts

Frozen Erdbeerjoghurt (im Foto links)

4–6 Portionen
500 g Erdbeeren
500 g Joghurt (3,5 % Fett)
120 g Puderzucker
Saft von 1 Zitrone

Zubereitungszeit: 15 Minuten,
ohne Gefrierzeit

Pro Portion: E: 5 g, F: 4 g, Kh: 34 g,
kJ: 834, kcal: 199, BE: 3,0

◊ Erdbeeren putzen, abspülen und gut abtropfen lassen. Einige Erdbeeren mit dem Grün beseitelegen. Restliche Erdbeeren entstielen, in einen hohen Rührbecher füllen und fein pürieren. Joghurt, Puderzucker und Zitronensaft untermixen.

◊ Den Erdbeerjoghurt in eine gefrierfeste Form geben und zugedeckt mindestens 3 Stunden in den Gefrierschrank stellen, dabei gelegentlich umrühren. Oder den Erdbeer-joghurt in einer Eismaschine etwa 45 Minuten gefrieren lassen. Vier bis sechs Gläser oder Schalen in den Gefrierschrank stellen.

◊ Vor dem Servieren den Erdbeerjoghurt etwas antauen lassen und mit einem Pürierstab zu einer glatten Masse pürieren.

◊ Von dem Erdbeerjoghurt mit einen Löffel (vorher in heißes Wasser tauchen) Nocken abstechen und in den angefrorenen Gläsern oder Schalen verteilen. Den Erdbeerjoghurt mit den beiseitegelegten Erdbeeren garnieren und sofort servieren.

Frozen Vanillejoghurt (im Foto hinten)

4–6 Portionen
1 Vanilleschote
100 ml Wasser
100 g Zucker
800 g Joghurt (1,5 % Fett)
75 g Himbeeren
75 g Heidelbeeren

Zubereitungszeit: 15 Minuten,
ohne Abkühl- und Gefrierzeit

Pro Portion: E: 6 g, F: 3 g, Kh: 29 g,
kJ: 709, kcal: 169, BE: 2,5

◊ Vanilleschote längs aufschneiden. Das Mark herausschaben. Wasser mit Zucker, Vanillemark und -schote in einem Topf zum Kochen bringen, 1 Minute kochen lassen. Topf von der Kochstelle nehmen. Die Flüssigkeit erkalten lassen. Vanilleschote entfernen.

◊ Das Vanille-Zuckerwasser mit dem Joghurt verrühren, in eine gefrierfeste Form geben und zugedeckt in den Gefrierschrank stellen. Den Vanillejoghurt etwa 3 Stunden gefrieren lassen, dabei gelegentlich umrühren. Oder den Vanillejoghurt in einer Eismaschine etwa 45 Minuten gefrieren lassen. Vier bis sechs Gläser oder Schalen in den Gefrierschrank stellen.

◊ Vor dem Servieren den Frozen Vanillejoghurt etwas antauen lassen und mit einem Pürierstab zu einer glatten Masse pürieren.

◊ Von dem Vanillejoghurt mit einen Löffel (vorher in heißes Wasser tauchen) Nocken abstechen und in den angefrorenen Gläsern oder Schalen verteilen. Himbeeren und Heidelbeeren verlesen, evtl. kurz abspülen und gut trocken tupfen. Den Vanillejoghurt mit den Beeren garnieren und sofort servieren.

Desserts

Frozen Zitronenjoghurt (im Foto rechts)

4–6 Portionen
4 Bio-Zitronen
(unbehandelt, ungewachst)
etwa 80 ml Zitronensaft
(von den Zitronen)
800 g Joghurt (3,5 % Fett)
100 g Puderzucker

Zubereitungszeit: 10 Minuten,
ohne Gefrierzeit

Pro Portion: E: 7 g, F: 6 g, Kh: 30 g,
kJ: 871, kcal: 208, BE: 2,5

◊ Die Zitronen heiß abwaschen, abtrocknen und die Schale von 3 Zitronen hauchdünn abreiben. Die vierte Zitrone halbieren, eine Zitronenhälfte in schmale Spalten schneiden und beiseitelegen. Restliche Zitronen ebenfalls halbieren. Von allen Zitronenhälften den Saft auspressen und etwa 80 ml Saft abmessen.

◊ Zitronenschale, -saft, Joghurt und Puderzucker gut verrühren, den Zitronenjoghurt in eine gefrierfeste Form füllen und zugedeckt mindestens 3 Stunden in den Gefrierschrank stellen, dabei gelegentlich umrühren. Oder den Zitronenjoghurt in einer Eismaschine etwa 45 Minuten gefrieren lassen. Vier bis sechs Gläser oder Schalen in den Gefrierschrank stellen.

◊ Vor dem Servieren den Zitronenjoghurt etwas antauen lassen und mit einem Pürierstab zu einer glatten Masse pürieren. Die Masse in einen Spritzbeutel mit großer Sterntülle (Ø 12 mm) füllen und sofort in die angefrorenen Gläser oder Schalen spritzen. Zitronenjoghurt mit den beiseitegelegten Zitronenspalten garnieren und sofort servieren.

Fudge

etwa 20 Stücke
220 g weiße Marshmallows
180 ml Kondensmilch (10 % Fett)
360 g Zartbitter-Kuvertüre
180 g Zucker
500 g Butter
250 g Macadamianusskerne

Zubereitungszeit: 45 Minuten, ohne Kühlzeit

Pro Stück: E: 3 g, F: 37 g, Kh: 27 g,
kJ: 1883, kcal: 450, BE: 2,0

◊ Einen Backrahmen auf 25 x 25 cm ausziehen und auf ein Backblech stellen. Zwei Stück Backpapier mit je 25 cm Länge zuschneiden und in den Backrahmen legen.

◊ Die Marshmallows mit 2 Esslöffeln Kondensmilch in eine Edelstahlschüssel geben. Die Schüssel in einen Topf auf kochendes Wasser stellen und über dem Wasserdampf erhitzen, bis die Marshmallows weich werden, aber noch stückig sind.

◊ Kuvertüre in Stücke hacken und in einen Topf geben. Restliche Kondensmilch, Zucker und Butter hinzugeben und unter Rühren erhitzen, bis eine glatte Masse entstanden ist.

◊ Die weichen Marshmallows unter die Schokoladenmasse ziehen.

◊ Die Macadamianusskerne grob hacken und unterrühren. Die Schokoladen-Nuss-Masse in den vorbereiteten Backrahmen geben und zugedeckt mindestens 5 Stunden in den Kühlschrank stellen.

◊ Den Backrahmen lösen und entfernen. Das Fudge in etwa 5 cm große Würfel schneiden.

Tipp: Es können auch gesalzene Macadamianusskerne verwendet werden. Dann die Nusskerne in ein Sieb geben und mit warmem Wasser abspülen. Auf Küchenpapier trocken reiben und wie im Rezept beschrieben verwenden.

French toast

4 Stück
Für das Kompott:
500 g frische Aprikosen
100 g Zucker
1 Stange Zimt
2 Sternanis
100 ml Wasser

Für den Toast:
4 Scheiben Weißbrot
50 ml Milch
4 Eier (Größe M)
100 g Schlagsahne
50 g Butter
3 EL Speiseöl

50 g Zucker
1 TL gem. Zimt

Zubereitungszeit: 20 Minuten, ohne Abkühlzeit

Pro Stück: E: 9 g, F: 16 g, Kh: 63 g
kJ: 1824, kcal: 435, BE: 5,0

◊ Für das Kompott die Aprikosen abspülen, abtropfen lassen, entstielen, halbieren und die Kerne entfernen. Aprikosenhälften in einen Topf geben. Zucker, Zimt, Sternanis und Wasser hinzugeben, zum Kochen bringen und etwa 2 Minuten kochen lassen, bis die Aprikosenhälften weich sind. Kompott abkühlen lassen.

◊ Für den Toast Weißbrotscheiben entrinden. Die Milch in einen tiefen Teller gießen. Eier und Sahne in eine Rührschüssel geben und mit einer Gabel verschlagen. Butter in einer breiten Pfanne zerlassen, Speiseöl miterhitzen.

◊ Die Weißbrotscheiben jeweils von beiden Seiten kurz in die Milch tauchen, dann die Scheiben durch die Eier-Sahne ziehen und sofort in dem erhitzten Fett bei mittlerer Hitze von beiden Seiten goldbraun braten. Die Toastscheiben mit einem Pfannenwender herausnehmen, auf Küchenpapier legen und das Fett abtropfen lassen.

◊ Zucker und Zimt in einen tiefen Teller geben und mischen. Die Brotscheiben darin wälzen. Mit dem Aprikosenkompott servieren.

Tipp: Das Weißbrot kann 1-2 Tage alt sein. Besonders gut schmeckt süßes Rosinenbrot oder Brioche.

Zitronen- und Schoko-Cakepops

etwa 20 Stück
Für den Biskuitteig:
5 Eier (Größe M)
70 g Zucker
1 Pck. Dr. Oetker Vanillin-Zucker
90 g Weizenmehl

50 g Zartbitter-Kuvertüre

200 g Mascarpone (ital. Frischkäse)
20 g Aprikosenkonfitüre
1 TL Zitronensaft

80 g Zitronenglasur
(aus dem Päckchen)
125 g Schokoladenglasur
(aus dem Päckchen)

50 g bunte Zuckerstreusel
50 g Schokostreusel

Außerdem:
etwa 20 Holzspieße

Zubereitungszeit: 25 Minuten,
ohne Abkühl- und Trockenzeit

Pro Stück: E: 3 g, F: 11 g, Kh: 19 g,
kJ: 793, kcal: 189, BE: 1,5

◊ Den Backofen vorheizen. Ober-/Unterhitze: etwa 180 °C, Heißluft: etwa 160 °C.

◊ Für den Teig Eier in einer Rührschüssel mit einem Mixer (Rührstäbe) auf höchster Stufe in etwa 3 Minuten schaumig schlagen. Zucker und Vanillin-Zucker mischen, in 1 Minute einstreuen, dann noch etwa 3 Minuten schlagen. Das Mehl kurz auf niedrigster Stufe unterrühren. Den Teig auf ein Backblech (30 x 40 cm, mit Backpapier belegt) geben und glatt streichen. Das Backblech in den vorgeheizten Backofen schieben. Den Biskuitboden **etwa 11 Minuten goldbraun backen.**

◊ In der Zwischenzeit Kuvertüre in Stücke hacken, in einem kleinen Topf im Wasserbad bei schwacher Hitze unter Rühren schmelzen. Den Topf aus dem Wasserbad nehmen.

◊ Das Backblech auf einen Kuchenrost stellen. Den gebackenen Biskuitboden erkalten lassen. Mitgebackenes Backpapier entfernen. Den Biskuitboden im Zerkleinerer zerbröseln und in eine Rührschüssel geben. Mascarpone hinzugeben und mit einem Löffel zu einer glatten Masse verrühren. Die Hälfte der Masse in eine zweite Schüssel füllen.

◊ Die geschmolzene Kuvertüre zu der Bröselmasse geben, die Konfitüre und den Zitronensaft in die zweite Schüssel zu der Bröselmasse geben und jeweils gut verkneten.

◊ Zitronenglasur und Schokoladenglasur getrennt nach Packungsanleitung schmelzen. Die dunkle und helle Bröselmasse zu je einer etwa 20 cm langen Rolle formen. Die Rollen in je etwa 2 cm breite Scheiben schneiden, anschließend die Scheiben zu Kugeln formen.

◊ Jede Glasur in eine hitzebeständige Schüssel füllen und glatt rühren. Für die hellen Cakepops 10 Holzspieße mit der stumpfen Seite in die Zitronenglasur tauchen und sofort die hellen Teigkugeln aufstecken, anschließend etwa 5 Minuten trocknen lassen. Für die dunklen Cakepops die restlichen Holzspieße mit der stumpfen Seite in die Sckokoladenglasur tauchen, die dunklen Kugeln daraufstecken und etwa 5 Minuten trocknen lassen.

◊ Die hellen Cakepops mit Zitronenglasur und die dunklen Cakepops mit Schokoladenglasur überziehen. Dafür jeweils ein Cakepop über eine Edelstahlschüssel halten und unter Drehen mit der Glasur überziehen und abtropfen lassen. Cakepops mit Zucker- oder Schokostreuseln bestreuen. Die Cakepops auf Backpapier legen und die Glasur fest werden lassen. Die restliche Glasur evtl. zwischendurch nochmals im Wasserbad erwärmen. Zum Servieren einige Wassergläser mit Zucker füllen und die Cakepops hineinstellen.

Sauerkirsch-Crumble

4 Portionen
1 EL Butter (zimmerwarm)
2 EL Zucker
350 g abgetropfte Sauerkirschen
(aus dem Glas)

100 g Weizenmehl
100 g abgezogene, gem. Mandeln
100 g Zucker
1 Prise Salz
½ TL gem. Zimt
90 g kalte Butter

Außerdem:
4 feuerfeste Portionsförmchen oder
eine Auflaufform (Ø 26 cm)

Zubereitungszeit: 20 Minuten
Backzeit: etwa 40 Minuten

Pro Portion: E: 8 g, F: 37 g, Kh: 68 g,
kJ: 2683, kcal: 641, BE: 5,5

◇ Den Backofen vorheizen. Ober-/Unterhitze: etwa 180 °C, Heißluft: etwa 160 °C.

◇ Die Portionsförmchen oder die Auflaufform mit Butter ausstreichen und mit Zucker ausstreuen. Die Sauerkirschen in den Förmchen oder in der Aufllaufform verteilen.

◇ Mehl in eine Rührschüssel geben. Mandeln, Zucker, Salz und Zimt untermischen. Die kalte Butter in kleine Würfel schneiden und hinzugeben. Die Zutaten mit einem Mixer (Knethaken) zu groben Streuseln verkneten.

◇ Die Streusel locker auf die Sauerkirschen streuen. Die Förmchen auf ein Backblech stellen. Das Backblech oder die Form auf dem Rost in den vorgeheizten Backofen schieben. Sauerkirsch-Crumble **etwa 40 Minuten backen.**

Tipp: Als Topping einen Löffel mit gesüßtem Joghurt.

Desserts

Pasteis de nata (Titelrezept)

12 Stück
Für den Blätterteig:
125 g Weizenmehl (Type 550)
125 g eiskalte Butter
80 ml Eiswasser
1 EL Weißweinessig
½ gestr. TL Salz

4 EL Weizenmehl zum Bestäuben

Für die Vanillecreme:
550 ml Milch (3,5 % Fett)
1 Pck. Gala Pudding-Pulver
Sahne-Geschmack
1 Vanilleschote
50 g Zucker

2 EL Puderzucker
1 TL gem. Zimt

Zubereitungszeit: 50 Minuten,
ohne Zieh- und Kühlzeit
Backzeit: etwa 25 Minuten

Pro Stück: E: 3 g, F: 11 g, Kh: 22 g,
kJ: 829, kcal: 198, BE: 2,0

◊ Für den Teig Mehl in eine Rührschüssel geben. Butter in etwa 2 cm große Würfel schneiden und hinzugeben. Eiswasser mit Essig und Salz verrühren und zu der Mehl-Butter-Mischung geben. Die Zutaten mit einem Mixer (Knethaken) kurz verkneten, die Butterwürfel sollen noch grobstückig bleiben.

◊ Den Teig auf eine mit Mehl bestäubte Arbeitsfläche geben, kurz verkneten, zu einem Paket zusammendrücken und anschließend mit einer Teigrolle zu einem großen Rechteck (etwa 10 x 30 cm) ausrollen. Die kurzen Seiten des Rechtecks nacheinander zur Mitte hin einschlagen, sodass ein Quadrat von etwa 10 x 10 cm entsteht. Das Teigquadrat in Frischhaltefolie wickeln und etwa 1 Stunde in den Kühlschrank legen.

◊ Den gekühlten Teig mit Mehl bestäuben, zusammendrücken und wieder zu einem Rechteck (etwa 10 x 30 cm) ausrollen. Teigrechteck wieder in 3 Schichten aufeinanderlegen, in Frischhaltefolie wickeln und etwa 60 Minuten in den Kühlschrank legen.

◊ In der Zwischenzeit für die Vanillecreme 100 ml von der Milch mit Pudding-Pulver anrühren und beiseitestellen. Restliche Milch in einem Topf erhitzen. Vanilleschote längs aufschneiden und das Mark mit einem Messerrücken herausschaben. Vanilleschote und -mark in die heiße Milch geben, aufkochen lassen und 20– 30 Minuten ziehen lassen.

◊ Zucker in die Vanillemilch geben und zum Kochen bringen. Angerührtes Pudding-Pulver in die von der Kochstelle genommene Vanillemilch rühren und unter Rühren aufkochen lassen. Den Topf von der Kochstelle nehmen, Vanilleschote entfernen. Vanillecreme etwas abkühlen lassen.

◊ Den Backofen vorheizen. Ober-/Unterhitze: etwa 220 °C, Heißluft: etwa 200 °C.

◊ Den gekühlten Teig auf der mit Mehl bestäubten Arbeitsfäche zu einem Quadrat (etwa 15 x 15 cm) ausrollen. Die Teigoberfläche dünn mit Wasser bestreichen und den Teig fest aufrollen. Die Teigrolle in 12 Scheiben schneiden. Die Blätterteigscheiben jeweils mit dem Handballen breit drücken und mit einer Teigrolle zu runden Platten (Ø etwa 10 cm) ausrollen. Die Teigplatten in eine Muffinform (für 12 Muffins) legen und rundherum andrücken.

◊ Die Vanillecreme in den Teigmulden verteilen. Die Form auf dem Rost in den vorgeheizten Backofen schieben. Die Blätterteigmuffins **etwa 25 Minuten goldbraun backen.** Die Form auf einen Kuchenrost stellen. Die Pasteis de nata etwa 10 Minuten in der Form stehen lassen, dann aus der Form lösen.

◊ Puderzucker und Zimt vermischen, die Pasteis de nata damit bestreuen und warm oder kalt servieren.

Desserts

Kürbiskernbrötchen

16 Stück
100 g Kürbiskerne

Für den Hefeteig:
42 g frische Hefe
300 ml warmes Wasser
250 g Weizenmehl (Type 405)
1 TL Zucker
200 g Weizenmehl (Type 1050)
1 gestr. TL Salz
2 EL Olivenöl

50 g Weizenmehl zum Bestäuben

4 Eier
4 Salatblätter
4 EL Remouladensauce
(aus der Tube)
1 Bund Schnittlauch

Zubereitungszeit: 45 Minuten,
ohne Abkühl- und Teiggehzeit
Backzeit: 25–30 Minuten

Pro Stück: E: 7 g, F: 7 g, Kh: 24 g,
kJ: 791, kcal: 189, BE: 2,0

◊ Kürbiskerne in einer Pfanne ohne Fett anrösten, herausnehmen und auf einem Teller erkalten lassen.

◊ Für den Teig Hefe in eine Rührschüssel bröckeln. Warmes Wasser hinzugießen und die Hefe darin unter Rühren auflösen. Mehl (Type 405) und Zucker hinzugeben und mit einem Mixer (Knethaken) unterarbeiten. Das Mehl (Type 1050), die Hälfte der gerösteten Kürbiskerne und das Salz auf den Vorteig geben. Den Teig zugedeckt an einem warmen Ort mindestens 30 Minuten gehen lassen.

◊ Wenn sich der Teig deutlich vergrößert hat und das Mehl Risse zeigt, das Olivenöl hinzugießen. Die Zutaten mit dem Mixer (Knethaken) zu einem geschmeidigen Teig verkneten. Den Teig zugedeckt etwa 5 Minuten ruhen lassen.

◊ Dann den Teig mit Mehl bestäuben und auf einer leicht bemehlten Arbeitsfläche zu einer langen Rolle formen. Die Teigrolle halbieren und in jeweils 8 Stücke schneiden.

◊ Die Teigstücke zu Kugeln formen und mit Abstand auf ein bemehltes Backblech setzen. Die Teigkugeln mit kaltem Wasser bestreichen und die restlichen Kürbiskerne daraufstreuen. Die Teigbrötchen nochmals etwa 1 Stunde an einem warmen Ort gehen lassen.

◊ Den Backofen in der Zwischenzeit vorheizen. Ober-/Unterhitze: etwa 200 °C, Heißluft: etwa 180 °C.

◊ Das Backblech in den vorgeheizten Backofen schieben. Die Kürbiskernbrötchen **25–30 Minuten backen.**

◊ In der Zwischenzeit die Eier 6–8 Minuten kochen, kalt abschrecken, pellen und in Scheiben schneiden. Salatblätter abspülen und trocken tupfen.

◊ Die gebackenen Brötchen vom Backblech nehmen und etwas abkühlen lassen.

◊ Die noch warmen Brötchen durchschneiden und mit Remouladensauce bestreichen. Salatblätter und Eierscheiben darauflegen. Schnittlauch abspülen, trocken tupfen und in feine Röllchen schneiden. Die Brötchen damit bestreuen und servieren.

Pikantes

Bagels mit Lachs

12 Stück
42 g frische Hefe
250 ml lauwarmes Wasser
2 TL Zucker
3 Eiweiß (Größe M)
550 g Weizenmehl
50 g Butter (zimmerwarm)
½ gestr. EL Salz

50 g Weizenmehl

etwa 3 l Wasser
2 gestr. TL Salz
1 gestr. TL Dr. Oetker Backin

1 Eiweiß
evtl. je 2 EL Sesam-, Mohnsamen,
grobes Meersalz

Für den Belag:
200 g Doppelrahm-Frischkäse
3 EL Milch
Salz
gem. Pfeffer
150 g Räucherlachs in Scheiben
1 Bund Dill

50 g Zucker
1 TL gem. Zimt

Zubereitungszeit: 50 Minuten,
ohne Teiggehzeit
Backzeit: etwa 30 Minuten

Pro Stück: E: 12 g, F: 13 g, Kh: 37 g,
kJ: 1310, kcal: 313, BE: 3,0

◊ Hefe in einer Rührschüssel zerbröckeln, lauwarmes Wasser und Zucker hinzugeben. Die Hefe darin unter Rühren auflösen. Eiweiß und 250 g Mehl hinzugeben. Die Zutaten mit einem Mixer (Knethaken) zu einem weichen, glatten Teig verkneten. Den Teig zugedeckt etwa 1 Stunde an einem warmen Ort gehen lassen, bis er sich sichtbar vergrößert hat.

◊ Dann Butter und Salz unterarbeiten. Das restliche Mehl hinzugeben und mit dem Mixer (Knethaken) zu einem elastischen Teig verkneten. Den Teig nochmals zugedeckt etwa 30 Minuten gehen lassen.

◊ Den gegangenen Teig leicht mit Mehl bestäuben, aus der Schüssel nehmen und auf einer leicht bemehlten Arbeitsfläche zu einer Kugel verkneten. Die Teigkugel dann zu einer Rolle formen und in 12 Stücke schneiden. Jede Teigscheibe mit Mehl bestäuben und zu einer glatten Kugel rollen. In die Mitte jeder Kugel ein Loch eindrücken und gleichzeitig auf Walnussgröße ausziehen. Die Arbeitsfläche mit reichlich Mehl bestäuben, die Teigringe mit genügend Abstand darauflegen und nochmals zugedeckt mindestens 30 Minuten gehen lassen, bis sie sich sichtbar vergrößert haben.

◊ Den Backofen vorheizen. Ober-/Unterhitze: etwa 200 °C, Heißluft: etwa 180 °C.

◊ Etwa 3 Liter Wasser in einem großen, weiten Topf zum Kochen bringen. Dann Salz und Backpulver hinzugeben. Die Teigringe portionsweise in das kochende Wasser geben und von jeder Seite etwa 1 Minute kochen lassen. Die Teigringe mit einem Schaumlöffel herausnehmen, abtropfen lassen und mit Abstand auf ein Backblech (mit Backpapier belegt) legen.

◊ Eiweiß mit 2 Esslöffeln Wasser verschlagen. Die Teigringe damit bestreichen. Nach Belieben mit Sesam-, Mohnsamen oder grobem Salz bestreuen. Das Backblech in den vorgeheizten Backofen schieben. Die Bagels **etwa 30 Minuten goldbraun backen.**

◊ Die gebackenen Bagels vom Backblech nehmen, abkühlen lassen und durchschneiden.

◊ Für den Belag den Frischkäse mit Milch glatt rühren, mit Salz und Pfeffer würzen und auf die Bagel-Unterseiten streichen. Die Lachsscheiben darauf verteilen. Dill abspülen und trocken tupfen. Die Spitzen von den Stängeln zupfen. Die Bagels damit garnieren und den oberen Bageldeckel darauflegen. Sofort servieren.

Käsepizza vom Blech

9 Stücke
Für den Hefeteig:
21 g frische Hefe
200 ml warmes Wasser
300 g Weizenmehl
50 ml Olivenöl
1 gestr. TL Salz

etwas Weizenmehl
zum Bestäuben

Für den Belag:
500 g Tomaten
20 Basilikumblättchen
Salz
gem., schwarzer Pfeffer
250 g abgetropfter Mozzarella
100 g Parmesan
1 Knoblauchzehe
2–3 EL Olivenöl

Zubereitungszeit: 45 Minuten,
ohne Teiggehzeit
Backzeit: etwa 30 Minuten

Pro Stück: E: 13 g, F: 18 g, Kh: 28 g,
kJ: 1374, kcal: 328, BE: 2,0

◊ Für den Teig die Hefe in eine Rührschüssel geben und zerbröckeln. Warmes Wasser hinzugeben und die Hefe darin unter Rühren auflösen. Mehl, Olivenöl und Salz hinzugeben. Die Zutaten mit einem Mixer (Knethaken) zu einem weichen Teig verkneten. Den Teig mit Mehl bestäuben und etwa 2 Minuten ruhen lassen.

◊ Den Teig aus der Schüssel nehmen, auf ein Backblech (30 x 40 cm, gefettet, mit Backpapier belegt) geben, mit Mehl bestäuben und in Größe des Backblechs ausrollen. Den Teig zugedeckt an einem warmen Ort etwa 30 Minuten gehen lassen.

◊ In der Zwischenzeit den Backofen vorheizen. Ober-/Unterhitze: etwa 200 °C, Heißluft: etwa 180 °C.

◊ Für den Belag die Tomaten abspülen, trocken tupfen und die Stängelansätze herausschneiden. Tomaten in dünne Scheiben schneiden und nebeneinander auf den gegangenen Teig legen. Abgespülte, trocken getupfte Basilikumblättchen darauf verteilen. Mit Salz und Pfeffer würzen.

◊ Mozzarella in Scheiben schneiden und darauflegen. Parmesan grob raspeln und daraufstreuen. Knoblauch abziehen, in feine Scheiben schneiden und darauf verteilen. Die belegte Pizza mit Olivenöl beträufeln.

◊ Das Backblech in den vorgeheizten Backofen schieben. Die Käsepizza **in etwa 30 Minuten goldbraun backen.**

◊ Das Backblech auf einen Kuchenrost stellen. Die Pizza in Stücke schneiden und sofort servieren.

 Pikantes

Pandorato

10 Stück
1 ganzes Kastenweißbrot
(etwa 500 g)
250 g abgetropfter Mozzarella
100 g roher Schinken in Scheiben
300 ml Milch (3,5 % Fett)
100 g Weizenmehl
5 Eier (Größe M)
Salz

100 ml Speiseöl zum Ausbacken

Zubereitungszeit: 30 Minuten, ohne Ruhezeit

Pro Stück: E: 14 g, F: 18 g, Kh: 26 g,
kJ: 1361, kcal: 325, BE: 20

◊ Das Weißbrot entrinden. Mit einem scharfen Messer die erste Scheibe des Weißbrotes einschneiden, sodass sie an einer Seite noch mit dem Brotlaib zusammenhängt. Die zweite Scheibe ganz durchschneiden. So erhält man 10 Scheiben, die an einer Seite zusammenhängen.

◊ Mozzarella in 10 Scheiben schneiden und zwischen die Brotscheiben legen. Schinkenscheiben hineinlegen und die Brotscheiben fest zusammendrücken.

◊ Milch und Mehl jeweils in einen tiefen Teller geben. Die Brotscheiben kurz von beiden Seiten in Milch tauchen, dann in Mehl wenden. Die Brotscheiben dicht nebeneinander auf ein Backblech legen.

◊ Eier in einer Schüssel mit einer Gabel verschlagen und über die Brotscheiben gießen. Die Scheiben darin wenden, sodass sie mit der Eiermasse überzogen sind. Die Brotscheiben etwa 2 Stunden ruhen lassen.

◊ Speiseöl in einer Pfanne mit hohem Rand erhitzen. Die Brotscheiben darin von beiden Seiten goldgelb ausbacken. Mit einem Pfannenwender herausnehmen und auf Küchenpapier abtropfen lassen. Die ausgebackenen Brotscheiben im vorgeheizten Backofen (80–100 °C) warm stellen, bis alle Brotscheiben gebacken sind.

◊ Dann alle gebackenen Brotscheiben diagonal durchschneiden und heiß servieren.

Tipps: Dazu einen gemischten Salat reichen.
Für Süßschnäbel können die Brotscheiben mit Konfitüre gefüllt und wie
im Rezept beschrieben gebraten werden.

Minipizzen mit Sardellen

16 Stück
Für den Hefeteig:
21 g frische Hefe
200 ml warmes Wasser
300 g Weizenmehl
50 ml Olivenöl
1 gestr. TL Salz

etwas Weizenmehl
zum Bestäuben

Für den Belag:
200 g Crème fraîche
Salz
gem., schwarzer Pfeffer
150 g Gorgonzola
40 g Sardellen
16 Salbeiblättchen
80 g abgetropfte, kleine schwarze Oliven
60 g abgetropfte Kapern

Zubereitungszeit: 40 Minuten,
ohne Teiggehzeit
Backzeit: etwa 25 Minuten je Backblech

Pro Stück: E: 5 g, F: 12 g, Kh: 15 g,
kJ: 778, kcal: 186, BE: 1,0

◊ Für den Teig die Hefe in eine Rührschüssel geben und zerbröckeln. Warmes Wasser hinzugeben und die Hefe darin unter Rühren auflösen. Mehl, Olivenöl und Salz hinzugeben. Die Zutaten mit einem Mixer (Knethaken) zu einem glatten Teig verkneten.

◊ Den Teig mit Mehl bestäuben, aus der Rührschüssel nehmen und auf einer mit Mehl bestäubten Arbeitsfläche zu einer langen Rolle formen. Die Teigrolle in 16 gleich große Stücke schneiden. Die Teigstücke zu Kugeln formen. Die Teigkugeln auf zwei Backbleche (mit Backpapier belegt) legen. Die Teigkugeln jeweils zu einer kleinen runden Platte (Ø etwa 10 cm) flach drücken. Die Teigplatten zugedeckt an einem warmen Ort etwa 30 Minuten gehen lassen.

◊ Den Backofen vorheizen. Ober-/Unterhitze: etwa 200 °C, Heißluft: etwa 180 °C.

◊ Für den Belag Crème fraîche mit Salz und Pfeffer verrühren. Jeweils einen Esslöffel davon auf die Teigplatten geben. Gorgonzola in Stücke schneiden und darauf verteilen.

◊ Sardellen mit kaltem Wasser abspülen und trocken tupfen. Salbeiblättchen abspülen und trocken tupfen. Die Minipizzen mit Sardellen, Salbeiblättchen, Oliven und Kapern belegen.

◊ Die Backbleche nacheinander (bei Heißluft zusammen) in den vorgeheizten Backofen schieben Die Pizzen **etwa 25 Minuten je Backblech backen.**

Tipps: Der Belag kann beliebig ausgetauscht werden. Einfach mit Zwiebelringen belegt wird die Pizza zum Flammküchle.

Allgemeine Hinweise zu den Rezepten

Lesen Sie bitte vor der Zubereitung – besser noch vor dem Einkauf – das Rezept einmal vollständig durch. Oft werden Arbeitsabläufe oder -zusammenhänge dann klarer.

Zutatenliste

Die Zutaten sind in der Reihenfolge ihrer Verarbeitung aufgeführt.

Arbeitsschritte

Die Arbeitsschritte sind einzeln hervorgehoben, in der Reihenfolge, in der sie von uns ausprobiert wurden.

Zubereitungszeiten

Die Zubereitungszeit ist ein Anhaltswert für die Dauer der Vorbereitung und die eigentliche Zubereitung. Längere Wartezeiten wie Kühl- oder Abkühlzeiten, Auftau- und Durchziehzeiten sind, sofern parallel keine weitere Tätigkeit erfolgt, nicht in der Zubereitungszeit enthalten. Die Backzeiten werden gesondert ausgewiesen.

Backofeneinstellung und Backzeiten

Die in den Rezepten angegebenen Backtemperaturen und Backzeiten sind Richtwerte, die je nach individueller Hitzeleistung Ihres Backofens über- oder unterschritten werden können. Machen Sie nach Beendigung der angegebenen Backzeit eine Garprobe.
Die Temperaturangaben in diesem Buch beziehen sich auf Elektrobacköfen. Die Temperatureinstellungsmöglichkeiten für Gasbacköfen variieren je nach Hersteller, sodass wir keine allgemeingültigen Angaben machen können. Bitte beachten Sie deshalb bei der Einstellung des Backofens die Gebrauchsanleitung des Herstellers. Ein Backofenthermometer eignet sich dabei gut, um die Backofentemperatur im Blick zu haben.

Einschubhöhe

Hohe und halbhohe Formen werden im Allgemeinen auf dem Rost auf die untere Einschubleiste geschoben, flache Formen auf die mittlere Einschubleiste. Abweichungen sind möglich und von der Ausführung Ihres Backofens abhängig. Beachten Sie daher auch die Angaben Ihres Herstellers.

Register

A-Z

Inhalt

Impressum

Für Fragen, Vorschläge oder Anregungen stehen Ihnen der Verbraucherservice der Dr. Oetker Versuchsküche Telefon: 00800 71 72 73 74 Mo.-Fr. 8:00–18:00 Uhr, Sa. 9:00–15:00 Uhr (gebührenfrei in Deutschland) oder die Mitarbeiter des Dr. Oetker Verlages Telefon: +49 (0) 521 52 06 50 Mo.–Fr. 9:00–15:00 Uhr zur Verfügung.

Oder schreiben Sie uns: Dr. Oetker Verlag KG, Am Bach 11, 33602 Bielefeld oder besuchen Sie uns im Internet unter www.oetker-verlag.de, www.facebook.com/Dr.OetkerVerlag oder www.oetker.de

Umwelthinweis
Dieses Buch und der Einband wurden auf chlorfrei gebleichtem Papier gedruckt. Die Einschrumpffolie – zum Schutz vor Verschmutzung – ist aus umweltfreundlichem und recyclingfähigem PE-Material.

Copyright
© 2013 by Dr. Oetker Verlag KG, Bielefeld

Redaktion
Carola Reich, Annette Riesenberg

Titelfoto und Innenfoto
Walter Cimbal, Hamburg
außer gpointstudio/shutterstock (S. 4)
Mike McDonald/shutterstock (S. 5)
signet/shutterstock (S. 5)

Nährwertberechnungen
Nutri Service, Hennef

Grafisches Konzept und Titelgestaltung
FUCHS_DESIGN, Sabine Fuchs, München

Satz
Final Art, Manfred Karg, München

Rezeptentwicklung und Foodstyling
Hermann Rottmann, Hamburg

Rezeptberatung
Anke Rabeler, Berlin

Reproduktionen
Repro Ludwig, Zell am See, Österreich

Druck und Bindung
Firmengruppe APPL, aprinta druck, Wemding

ISBN 978–3–7670–0688–1